사회복지
브랜드
전략

| 저자 |

【벤처사회사업가 양원석】

푸른복지사무소(사회복지개인사무소) 운영
한국청소년복지학회 이사
고리울청소년문화의집 운영위원
춘의종합사회복지관 브랜드매니저
전국문해 · 성인기초교육협의회 교육자문위원

경희대학교를 졸업하고 사랑의교회 복지부서에서 활동하였으며, 평택대학교 사회개발대학원에서 사회복지 석사학위를 취득하였다.(「학교사회사업에서 사례관리의 활용가능성에 관한 연구」) 서울OO초등학교에서 학교사회사업가로 활동하였고 춘의종합사회복지관에서 근무한 후 뜻한 바 있어 푸른복지사무소라는 개인사무소를 운영하고 있다.

그는 복지가 시류나 유행에 민감하기보다, 마땅히 해야 할 일을 행할 수 있기를 희망한다. 이를 위한 구체적 대안으로 복지브랜드(강연, 기고, 사업) 활동, 사회복지개인사무소 운영, 사회복지정보원 제7차 단기복지순례(무지개) 수퍼바이저 등의 활동을 마땅히 행하고 있다.

사회복지 브랜드 전략

초판 1쇄 발행 2005년 12월 12일
초판 5쇄 발행 2010년 1월 26일

저　자 | 양원석
펴낸곳 | 도서출판 나눔의집
펴낸이 | 박정희
주　소 | 152-777 서울시 구로구 구로3동 222-7
　　　　 코오롱디지털타워빌란트 1차 703호
전　화 | 02-2103-2480
팩　스 | 02-2103-2488

가　격 | 12,000원
ISBN 89-5810-075-3(03320)

사회복지 브랜드 전략

양원석 | 푸른복지사무소

목차

들어가는 글: 브랜드 전성시대 · 8

제1부 당당하게 후원받는 브랜드 전략 · 10

제1장 후원과 브랜드의 이해 · 12
1. 매년 사과를 구입할 것인가? 수확할 것인가? · 14
2. 구걸하는가? 당당하게 후원을 요구하는가? · 17
3. 후원자와 교환해야 한다 · 20
4. 후원자는 돈을 내고 복지관은 자기만족을 판다 · 23
5. 브랜드: 복지관에 대한 고정관념 · 28
6. 브랜드 전략: 고정관념이 되는 법 · 32
7. 브랜드의 힘: 브랜드가 장기적 후원 창고가 된다 · 36
8. 깊이 있는 페이지: 사회복지 브랜드의 특징 · 42

제2장 브랜드의 시작: 브랜드 아이덴티티, 자신만의 것 · 45
1. 어두울수록 빛을 발한다 · 48
2. 브랜드의 출발점: 자기 복지관만의 비전을 세워라 · 55
3. 카테고리 분할: 시장을 나누어 내 것을 더 가치 있는 비전으로 만들어라 · 59
4. 후원자 중심: 후원자도 공감하는 것이면 충분하다 · 67
5. 지역밀착 브랜드: 복지관의 비전은 지역에서 찾아야만 한다 · 70
6. 깊이 있는 페이지: 브랜드 아이덴티티, 컨셉, 이미지, 관리? · 73

제3장 기관 브랜드의 신뢰성을 확보하라 · 77

3-1. 후원보다 먼저 복지관에 대한 이야기를 듣게 해라 · 77
   1. 기관에 대한 신뢰는 후원의 전제조건이다 · 78
   2. 브랜드 컨셉: 기관을 표현하는 한마디 · 81
   3. 깊이 있는 페이지: 낯설음과 공감대 · 86
   4. 브랜드 컨셉을 알려라: TV빼고 나머지 무기로 한 단어만 알려라 · 90
   5. 브랜드 컨셉을 알리는 복지관 무기 활용법 · 96

3-2. 브랜드 컨셉이 사실임을 증명하여 기관 브랜드의 신뢰성을 획득하라 · 104
   1. 대표프로그램을 선정하라 · 106
   2. MOT에서 보여주어라 · 110
   3. 기존 복지관 행사를 활용하라 · 114
   4. 충성후원자가 보증을 서게 하라 · 118

제4장 후원상품을 판매하고, 후원자를 관리하라 · 123

4-1. 상품 프로그램을 판매하라 · 123
   1. 프로그램을 상품화하라 · 126
   2. 선정의 조건 1: 브랜드 컨셉에 위배되지 말아야 한다 · 130
   3. 선정의 조건 2: 후원할 마음이 생겨야 한다 · 134
   4. 이름만 들어도 마음이 찔리도록 · 137
   5. 다양한 상품을 제공해라 · 142
   6. 팀팅 직원이 영입사원이 되어라 · 144

4-2. 특별한 경험으로 특별한 만족을 제공하는 복지관이 되어라 · 149
  1. "내가 후원한 곳이야"를 외치게 하라 · 150
  2. 후원자 관리시스템을 강화하라 · 153
  3. 어느 정도의 예산을 투입해야 할까? · 160
  4. 정기적 체험: 후원자에게 3개월에 한 번씩 색다른 체험을 제공해라 · 165
  5. 깊이 있는 페이지: 기능적 브랜드, 상징적 브랜드, 경험적 브랜드 · 169

제5장 내가 준비되어야 가능한 것이다 · 173
  1. 내부커뮤니케이션: 준비된 자가 승리한다 · 174
  2. 브랜드 전략은 직원의 반발을 부른다 · 177
  3. 전 직원의 합의를 얻어라 · 180
  4. 내부커뮤니케이션 추진 단계 · 184
  5. 직원의 직무만족도를 높여라 · 187
  6. 업무량은 70~80%로 조정해라 · 187

제6장 브랜드가 대안이다 · 192
  1. 복지관의 정체성 해소: 사회복지관의 위기를 돌파할 수 있다 · 194
  2. 복지관의 모든 다양한 분야에 적용할 수 있다 · 204
  3. 사회복지: 건실한 그룹인가? 문어발 기업인가? · 208

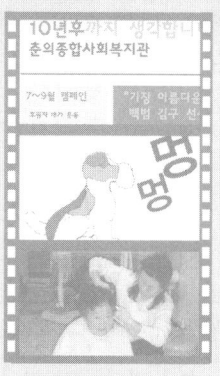

제2부 적용하기 전 읽어야 할 조언 · 218

1. 하나만이라도 제대로 해야 한다: 선택과 집중 · 220
2. 선택과 집중을 아우르는 네트워크가 있어야 한다 · 223
3. 체계이론을 바로 우리 자신에게 접목해라 · 229
4. 비전에 따라 조직을 재구성하라 · 233
5. 틀 밖에서 생각할 줄 알아야 한다 · 237
6. 불가능이 아니라 몰라서 못하는 것이다 · 242
7. 경고: 이것이 걸리면 브랜드 전략은 없다 · 250

제3부 브랜드 사례 · 254

1. 복지관 브랜드 사례: 춘의종합사회복지관 · 256
2. 개인 브랜드 사례: 푸른복지사무소 양원석 · 267

참고자료 · 272

| 들어가는 글 |

브랜드 전성시대

얼마 전부터 브랜드는 뜨는 단어입니다. 사실, 마케팅과 전혀 다른 지점에서 일하는 우리 사회복지사들도 대충은 알고 있으니 세상 모든 사람들이 브랜드에 대해 알고 있다고 봐도 무방할 것 같습니다.

얼마 전 삼성이 2003년, 전 세계 25위 브랜드^{인터브랜드}라는 소식이 들려왔습니다. 그러면서 삼성이 가진 브랜드자산이 13조 원이라고 하였습니다. 당장 우리를 살펴보아도 대한민국 대표 브랜드하면 삼성이 떠오르는 경우가 많습니다. 브랜드파워는 바로 매출로 연결되고, 우리의 돈은 삼성으로 흘러흘러 들어갑니다. "삼성이 만들면 다르지", "삼성하면 우리나라 대표브랜드니까 믿고 사도 돼"라는 반응이 나옵니다. 사람들은 삼성제품 하면 별 고민을 안 하고 신뢰를 나타냅니다. 브랜드가 사람들의 일정한 행동^{구매}을 이끌어 내는 것입니다.

그렇다면 이렇게 사람들로 하여금 일정한 행동을 이끌어 내는 것은 영리적인 부분에서만 적용되는 것일까요? 어차피 브랜드 마케팅도 사람을 대상으로 하는 것이고, 특정 행동을 이끌어내기 위한 활동입니다. 그리고 브랜드는 그 영역을 넓혀가고 있습니다. 언론에서는 개인브랜딩 시대를 이야기하고 있으며, 서적 중에서는 개인브랜딩을 다루는 책도 있습니다. 개인에서 기업까지 브랜드가 모든 영역으로 확장되고 있는 상황입니다. 큰 흐름이 된 것입니다.

저는 이러한 흐름에 비영리, 특히 사회복지도 충분히 따라갈 수 있다고 생각하고 있으며, 사회복지도 이제 브랜드시대를 열어가야 한다고 생각합니다. 하지만, 처음으로 새로운 것을 받아들일 때 어떻게 받아들이느냐에 따라 이후 결과가 크게 다르게 나타납니다. 같은 것을 받아들여도 어떻게 받아들이느냐에 따라 미래가 결정됩니다.

지금은 브랜드 시대입니다. 이 브랜드 시대를 우리가 어떻게 열어가느냐에 따라 사회복지에 약이 될 수도, 독이 될 수도 있을 것입니다.

이제부터 브랜드를 사회복지에 어떻게 적용해야 할 것인지 이야기해보고자 합니다. 브랜드라는 사회적 파도가 다가옵니다. 사회복지가 이 파도를 잘 이용해서 좀 더 큰 바다로 움직이고 이 사회에 좀 더 큰 역할을 수행할 수 있기를 기대해 봅니다.

2005. 11.
양원석

Social Work
Brand Strategy

제1부

당당하게 후원받는 브랜드 전략

Social Work
Brand Strategy

제1장
후원과 브랜드의 이해

1 매년 사과를 구입할 것인가? 수확할 것인가?

후원자의 가치를 재조명하자

　　복지관은 후원자를 개발하는 데에는 신경을 쓰지만, 실제로 후원자를 얼마나 유지시킬 것인가에 대해서는 별 관심이 없어 보입니다. 매년 후원자를 개발하거나, 새로운 후원사업을 펼치지만, 그 때 뿐이고 1년이 지나면 다시 제자리인 것을 볼 수 있습니다. 왜 매년 악순환이 반복될까요?

　　예를 들어 설명해 보겠습니다. 매달 3,000원을 후원하는 후원자가 있다고 한다면, 여러분은 이 후원자가 제공하는 가치를 얼마로 보십니까? 만약 3,000원이라고 이야기한다면 근시안적인 시각입니다. 이 후원자는 비록 3,000원을 후원하지만, 후원을 유지하는 기간에 따라 총 가치는 달라지게 됩니다. 만약 30개월을 후원한다고 하면 이 후원자의 가치는 90,000원이 되는 것이고, 60개월을 후원하면 180,000원의 가치를 가지게 됩니다. 당연한 이야기이지만, 우리는 흔히 그 당시의 가치로만 후원자를 판단하는 경향이 있습니다. 쉽게 놓쳐도 그만이라고 생각하는 것입니다. 하지만, 마케팅에서는 이런 개념을 생애가치라고 표현하며 생애가치를 최대한으로 높이도록 하는 것이 중요하다고 합니다.

이 개념을 복지관에 적용해 보겠습니다. 후원자 한 명을 개발하기 위해 사용하는 비용을 생각해 보겠습니다. 후원자 모집 과정을 살펴보면 행사를 기획하고, 후원자에게 후원이 왜 필요한지 알리기 위한 홍보물을 제작하고, 직원이 업무시간 중에 예비후원자를 접촉하고 설득하는 과정을 거칩니다. 이 모든 것을 후원자 개발비용으로 계산하여 실제 화폐로 환산하여 보면 결코 적다고 할 수 없는 비용이 투여되고 있음을 알게 됩니다. 특히, 직원의 인건비는 단 하루라 하더라도 직원 1인당 41,000원 — 연봉 15,000,000원의 경우 — 인데, 10명의 직원이 이틀씩만 매달렸다고 하면 820,000원의 비용이 인건비로 소모되는 것이며, 리플렛 제작비 500,000원을 포함하면 행사를 위한 투입예산을 생각할 때 큰 금액이 투입되는 것입니다. 즉, 복지관에서 후원자 한 명을 개발하기 위해 우리는 생각보다 많은 비용을 지불하고 있습니다.

그런데 이렇게 개발한 후원자가 1년마다 50%씩 탈락하게 된다면 1년 후 다시 많은 비용을 들여 후원자를 50% 채워넣었다 하더라도 본전이 되는 상황이 됩니다. 비싼 비용 들여 개발하고 다시 놓치고, 비싼 비용 들여 개발하고 다시 놓치고 하는 것을 반복하는 것입니다. 이렇게 후원자 유지율이 떨어지면 떨어질수록 생애가치는 상당히 낮아지고 이익은 최소화됩니다. 하지만, 유지율이 높아지면, 예를 들어 앞의 상황에서 1년 후 후원자 탈락률이 10%만 된다고 하

> 브랜드를 통해 후원에 대한 접근성을 용이하게 하고, 후원 권유 시 브랜드에 대한 믿음으로 후원결정의 장애요인을 제거하며, 후원결정 후에도 브랜드를 통해 자신의 결정이 옳은 결정이었음을 끊임없이 제공받을 수 있다는 점에서 후원자의 만족을 이끌어 낼 수 있으며, 후원자가 만족하는 한 유지율은 높은 수준으로 유지될 것입니다.

더라도 1년 후 후원자를 50% 채워 넣으면 40%의 후원자 증가를 가져오게 됩니다. 생애가치가 높아지고 이득이 증가되는 것은 두말할 것도 없습니다. 복지관이 후원자 개발률보다 유지율에 더 신경을 써야 하는 이유가 바로 여기에 있습니다.

만족으로 사과를 수확해라

그렇다면 유지율을 최대화하려면 어떻게 해야 할까요? 복지관은 후원자가 복지관 후원에 만족할 수 있도록 하는 것이 제일 중요합니다. 후원자의 자기만족말입니다. 그리고 만족을 얻도록 하는 데 있어 브랜드 전략은 핵심에 역량을 집중하여 최대한의 만족을 제공한다는 점에서 후원자로 하여금 자기만족이라는 목적을 잘 달성할 수 있게 하는 효율적인 전략임에 틀림없습니다. 즉, 브랜드를 통해 후원에 대한 접근성을 용이하게 하고, 후원 권유 시 브랜드에 대한 믿음으로 후원결정의 장애요인을 제거하며, 후원결정 후에도 브랜드를 통해 자신의 결정이 옳은 결정이었음을 끊임없이 제공받을 수 있다는 점에서 후원자의 만족을 이끌어 낼 수 있으며, 후원자가 만족하는 한 유지율은 높은 수준으로 유지될 것이기 때문입니다. 유지율이 높으면 그만큼 사과나무 열매가 점점 많이, 그러면서도 매년 열리는 것입니다.

여러분 복지관은 매년 비싼 돈을 들여 사과를 구입하시겠습니까? 아니면 수확하시겠습니까?

2 구걸하는가? 당당하게 후원을 요구하는가?

재정부족에 허덕이는 복지관

　대부분의 마케팅은 고객을 선정하고, 그 표적고객에 맞추어 브랜드를 만들어 갑니다. 그 표적고객이 바로 물품을 구입해 주실 분들이기 때문입니다. 사회복지관도 고객을 이야기합니다. 클라이언트라고 말하기도 하며, 최근에는 고객감동이라는 표현으로써 고객이라는 말을 사용하기도 합니다. 사회복지의 고객은 바로 복지관을 이용해 주시는 분들입니다.

　고객이 많아지면 영리에서는 당연히 기업의 상황이 좋아집니다. 그만큼 구매가 이루어지기 때문에 많은 재원이 만들어지고, 이것이 다시 투자로 이어져 좋은 기업으로 발전합니다. 하지만, 복지관은 처해있는 상황이 다릅니다. 흔히 복지관에서 이야기하는 고객은 복지서비스를 이용하는 클라이언트이며 이들이 복지관을 많이 이용하면 이용할수록 복지관의 재정상태는 심각해집니다.

복지관 중에서 재정부족에 허덕이지 않는 곳은 몇 안되며, 대부분 재정부족을 호소하고 있습니다. 그 중 영구임대 아파트 단지에 위치해 있는 복지관들은 감당할 수 없을 만큼 재정적 어려움을 호소하고 있습니다. 매년 5~6월, 10~11월 모든 복지관들이 이 재정적 어려움을 해소하기 위해 바자회, 일일찻집 등을 무리하게 진행합니다. 기존 영리환경과는 참 다른 환경입니다. 고객이 많이 오면 올수록 기관의 재정상태는 어려워지니 말입니다.

이렇게 복지관의 재정부족사태는 근본 원인이 정부보조금의 비현실성에 있습니다. 정부보조금은 전체 예산의 50% 정도만 지원하고 나머지는 각 복지관에서 알아서 충당해야 하기 때문입니다. 그리고 필요예산의 50% 지원이 아닌, 정부에서 정한 복지관 1년 예산의 50%를 획일적으로 제공하는 형식이기 때문에 일을 많이 하거나 고객이 많은 복지관은 심한 경우 정부지원금이 1년 예산의 20~30% 정도인 곳도 발생하게 됩니다.

이렇게 되면 법인부담금이 높지 않은 복지관의 경우 심하면 예산의 50%가 넘는 금액을 후원으로 충당해야 하는 상황이 되기도 합니다. 복지관이 후원에 목숨을 거는 이유가 바로 여기에 있습니다.

구걸하는가? 당당히 요구하는가?

하지만 대부분의 복지관을 보면 후원작업이 쉽지 않음을 알 수 있습니다. 후원을 개발하기 위해 지역을 돌아다니지만, 잡상인 취급을 받기 일쑤입니다. 또 후원요청을 할 때 최대한 불쌍한 척 하면서 이야기를 하기도 합니다. 가족과 친척을 다 후원자로 끌어들인 지는 이미 오래입니다. 바자회라도 있으면 다른 기관 사회복지사가 사주고, 대신 그 쪽에서 바자회를 하면 이 쪽에서 티켓을 대신 사주는 웃지 못할 경우가 발생하기도 합니다.

하지만, 이렇게 후원 개발에 참여하면서 느끼는 것은 "왜 사회복지관의 후원은 교환관계가 될 수 없을까? 비굴함을 느끼면서까지 과연 해야 하는 것일까?"입니다. 나쁜 일을 하는 것도 아니고, 부끄러운 일을 하는 것도 아닌데, 당당하게 후원을 요청하지 못하고, 여기저기 죄지은 것처럼, 구걸하는 것처럼 느껴지니 알다가도 모를 일입니다.

혹, 앞으로 이런 표시가 붙지 않을까요?

> 잡상인,
> 사회복지사
> 출입엄금

3 후원자와 교환해야 한다

> 사람들이 후원을 하는 이유를 "불쌍하니까 던져준다"로 이해하기보다는 후원을 통해 무엇인가 가져간다고 생각해야 합니다.

서로 교환해야 한다

자신의 것을 내어주면서 무엇인가를 얻는 것은 세상살이의 기본입니다. 돈을 지불하면서 물건을 사는 이유는 구입한 물건을 통해 어떠한 편익을 누리고자 하기 때문입니다. 청소기를 사는 것은 깨끗한 집안을 얻고 싶기 때문이며, 유명식당에서 음식을 사 먹는 것은 먹는 즐거움을 채우고 싶기 때문입니다. 돈을 지불하되 그에 상응한 대가를 제공받기 때문에 기꺼이 돈을 지불하게 됩니다.

후원도 마찬가지입니다. 사람들이 후원을 하는 이유를 "불쌍하니까 던져준다"로 이해하기보다는 후원을 통해 무엇인가 가져간다고 생각해야 합니다. 물론 이것은 물질적이지도, 눈에 보이는 것도 아닙니다만, 여러 가지를 살펴보면 분명히 가져가는 것이 있음을 알 수 있습니다.

만약 그냥 던져준다는 개념으로 사람들이 후원을 한다면, 후원하는 기관이 복지를 제대로 하는 기관인지 살펴볼 필요가 없으며, 클라이언트에게 제대로 전해졌는지 확인할 필요도 없습니다. 그냥 버리는 돈에 그렇게 많은 애정을 쏟을 이유가 없는 것입니다. 또한 담당 사회복지사와 이야기하면서 좀 더 효과적인 후원방법이 무엇일지 고민할 필요도 없고, 전달식을 할 필요도 없습니다.

사람들에게 "왜 후원을 하냐?"고 물어보면 맨 처음에는 "누군가를 도와주고 싶어서"라고 이야기합니다. 하지만, 좀 더 구체적으로 후원을 통해 무엇을 얻느냐고 물어보면 누군가는 예수님의 사랑을 대신 실천했다는 기쁨을, 나 또한 누군가를 도와줄 수 있다는 자아존중감을, 내가 사회로부터 얻은 것을 나누어야 한다는 사회적 기여감을, 또는 명예를 얻는다고 합니다. 분명 얻는 것이 있습니다. 복지관은 기존에 도와달라는 구걸의 형식에서 벗어나 상호교환의 개념으로 후원사업에 접근할 필요가 있고, 상호교환의 관계가 형성될 때 비로소 구걸의 관계에서 벗어날 수 있게 됩니다.

돈을 지불하고 무엇을 사는가?

그렇다면 고객이 원하는 것은 무엇일까요? 후원을 통해 사람들이 얻고자 하는 것을 가장 크게 확장시켜 정의해보면 자기만족이 되지 않을까 싶습니다 — 여기서, 만족이란 단순히 자신의 명예 등을 위한다는 의미가 아닌 자신이 좋은 일을 했다는, 즉 순수한 자기만족을 뜻합니다 — 궁극적으로 달성하고자 하는 것이 자기만족이되, 구체적으로 무엇을 통해 자기만족을 성취했다고 느낄지는 다 다르겠지요.

수위 사람의 시선을 많이 의식하는 경우에는 주변 사람들이 자신을 알아주고 칭찬해 주는 것으로 자기만족을 획득할 수 있겠으며,

> 어찌되었든 중요한 것은 후원을 함에 있어 모든 사람이 자기만족을 추구한다는 것입니다. 이는 대단히 중요합니다.

자신의 소리에 좀 더 귀를 기울이는 사람은 주변 사람보다는 자기 자신이 얼마나 깨끗한 마음으로 후원을 했는가에 따라 자기만족을 획득할 것이며, 효과를 중요시하는 사람은 클라이언트에게 얼마나 도움이 되었는가를 자기만족의 척도로 생각할 수 있겠지요.

어찌되었든 중요한 것은 후원을 함에 있어 모든 사람이 자기만족을 추구한다는 것입니다. 이는 대단히 중요합니다. 이 개념에서 후원은 새롭게 해석될 수 있기 때문입니다. 즉, 후원이란 후원자의 돈과 자기만족이라는 가치를 교환하는 것이라는 개념으로 재해석할 수 있습니다.

4 후원자는 돈을 내고 복지관은 자기만족을 판다

사회복지 = 마케팅

사회복지 영역에서 마케팅은 홍보 외에 별로 활용할 데가 없는 것으로 생각해 왔습니다. 왜 필요가 없냐고 물어보면 팔 수 있는 것이 없다는 것이었습니다. 하지만, 복지관에 상품이 없음에도 불구하고 복지관에 돈을 주시는 분들은 존재하고 있습니다. 물론 후원을 해주시는 분들입니다. 하지만, 돈을 주신다는 것은 무엇인가 가져가는 것이 있다는 이야기로 생각해 볼 수 있습니다. 무엇입니까? 앞에서 말씀드렸던 자기만족입니다.

이렇게 되면 '진정 사회복지가 팔 수 있는 것이 없느냐?' 라고 다시 한 번 묻고 싶습니다. 후원자는 돈을 지불하고, 자기만족을 사서 가져갑니다. 즉, 사회복지관의 상품은 후원자의 자기만족이며, 후원사는 돈을 지불하고 이를 구입하는 것입니다. 제가 보기에 최소한 후원자와 복지관의 관계는 고객과 기업의 관계와 별반 달라 보이지

> '욕구를 충족시키는 방법', 그것이 상품에 의하면 마케팅이고 복지서비스에 의하면 사회복지라 생각할 뿐입니다.

않습니다. 아니 어찌보면 너무 같아 보여, 왜 그동안 이런 생각을 하지 못했을까 싶습니다.

사회복지는 사람을 대상으로 하는 서비스라고 이야기합니다. 그리고 마케팅은 돈을 대상으로 하는 것이라고 사회복지사들은 생각합니다. 하지만 마케팅도 사람을 대상으로 하는 서비스입니다. 마케팅에서도 가장 핵심과제는 '욕구를 이해하고, 이를 충족시키는 것'으로 생각합니다. 사회복지의 마케팅에 대한 오해 때문에 다르다고 생각한 것입니다. 단지 사용하는 언어와 방법이 생소할 뿐이지 서로 근간에 흐르는 핵심은 같다고 생각합니다. '욕구를 충족시키는 방법', 그것이 상품에 의하면 마케팅이고 복지서비스에 의하면 사회복지라 생각할 뿐입니다. 따라서, 사회복지도 마케팅의 발전된 것을 차용할 필요가 있으며, 충분히 적용가능하리라 생각합니다.

자기만족의 질을 높여라

일반 상품을 구매하면, 상품을 사용해 보고 욕구를 충족시키게 됩니다. 따라서, 기업에서는 고객으로부터 선택받기 위해 상품의 브랜드 가치를 높이는 작업을 합니다. 그러면서도 선택된 브랜드를 통해 고객의 욕구를 더 많이 충족시키기 위해 끊임없는 품질관리와 기능향상, 브랜드 연상관리를 시도하고 있습니다.

그렇다면 사회복지관은 어떻게 해야 할까요? 복지관의 상품인 자기만족의 품질관리와 기능을 향상시키는 데 노력해야 합니다. 그리고 복지관의 브랜드 이미지를 높여 신뢰도와 충성도를 가질 수 있도록 해야 합니다. 그동안 사회복지관에서 후원자는 마음이 착해서 그냥 기부해 주시는 분으로 생각해 왔습니다. 그래서 사회복지관은 후원자들이 자기만족을 가져가는 데 크게 신경쓰지 않았습니다. 상품이라 생각하지 않았기 때문입니다. 즉, 복지관이 해야 하는 일이라 규정짓지 않은 것입니다.

  자기만족을 교환가치로 생각하느냐, 생각하지 않느냐는 후원금 내역보고에도 영향을 미치게 됩니다. 교환의 개념이 없다 하더라도 후원금 내역보고는 이루어집니다. 하지만, 후원금 내역보고를 통해 자기만족까지 달성해야 한다는 개념이 없으면, 그 후원금 내역보고는 행정적인 일에 지나지 않게 작성됩니다. 그래서 보고는 하면서도, 내역보고는 보내면서도 고객인 후원자의 입장은 별로 신경을 쓰지 않는 것입니다. 이렇게 행정적 수준에 그치는 내역보고가 이루어지면서 후원자가 계속 늘어나기를 기대하거나 후원금이 늘어나기를 기대하는 것은 교환의 개념에서 보면, 말도 안 되는 이야기입니다. 교환되는 가치가 너무나 미약한데 계속 금액을 투입할 리 만무하기 때문입니다. 이제는 후원자를 고객으로 설정하고, 욕구를 충족시키기 위해 자기만족의 질을 높일 필요가 있습니다. 고객인 후원자를 만족시키지 못하는 한 복지관의 재정적 어려움은 지속될 것입니다.

후원 동기에 따른 세분화

  앞에서 후원자가 후원을 통해 얻고자 하는 것은 자기만족이라 말씀드렸습니다. 하지만, 자기만족이라는 것은 각자가 판단하는 것이고, 자기만족 자체만으로는 도대체 무엇을 말하는지 알아내기 어렵습니다. 욕구를 모르면 자기만족의 질을 높일 수 없는데, 자기만족이라는 욕구는 너무나 넓어서 도대체 무엇을 밀하는지 알 수 없습니다. 따라서, 자기만족을 좀 더 세분화해야 합니다. 여러 가지 방법이

> 기업의 입장에서 생각해 보면 프로모션 자체도 브랜드를 강화하기 위한 행위이기 때문에 후원이라는 것도 엄밀하게 보면 브랜드 강화를 위한 이기적 동기가 됩니다.

있을 수 있겠지만, 자기만족의 세분화로 유효한 방법은 후원 동기에 의한 세분화라 생각합니다. 구체적으로 어떤 동기에 의해 후원에 참여하게 되었는가를 구분해낼 수 있다면 그가 얻고자 하는 자기만족의 형태도 구분해 낼 수 있을 것입니다.

후원과 관련된 연구들은 크게 2가지로 나눌 수 있다고 합니다. 바로 이타적 동기에 의한 후원과 이기적 동기에 의한 후원입니다 ― 여기서 이기적 동기는 후원을 통해 자신에 대한 홍보효과 및 명예 등을 획득하는 것을 이야기하지만, 나쁜 의미로 쓰여지는 것은 아닙니다. 단지, 적절한 단어를 찾지 못해 적어놓았을 뿐입니다. 후원은 그 자체로도 소중합니다 ― . 이타적 동기는 누군가를 도울 수 있다는 것 자체에 더 중요한 의미를 부여하며, 이기적 동기는 보상으로 주어지는 데 더 중요한 의미를 부여하는 경우입니다. 즉, 전달식 등 절차에 신경을 쓰는 정도와 감사패 유무에 민감하게 반응하는 정도에 따라 구분할 수 있을 것입니다. 특히나 기업이나 단체 등에서 후원을 하는 경우에는 이기적 동기일 가능성이 높습니다. 기업의 입장에서 생각해 보면 프로모션 자체도 브랜드를 강화하기 위한 행위이기 때문에 후원이라는 것도 엄밀하게 보면 브랜드 강화를 위한 이기적 동기가 됩니다.

동기의 차이는 후원행동 자체에도 많은 영향을 미친다고 보고되고 있습니다. 즉, 후원의 동기는 후원의 지속성에도 영향을 주어 이타적 동기의 후원자가 이기적 동기의 후원자보다 훨씬 장기후원자가 될 가능성이 높다고 합니다. 동기의 차이가 이후의 행동에도 영향을 미치는 것입니다.

그렇다면 이제 고객이 무엇을 원하는지, 그리고 복지관은 무엇을 하여 고객에게 만족을 제공해야 하는지 좀 더 명확해 졌습니다.

이타적 후원자에게는 후원대상자에게 많은 도움이 되었다는 구체적인 사업보고를 제공함으로써 후원자 본인이 자신의 행동에 대해 스스로 의미를 부여할 수 있도록 해야 합니다. 또한 장기후원자화 될 수 있도록 유도하는 것이 중요합니다.

그리고 이기적 후원자는 후원행위를 주변 사람들이 인지하도록 함으로써 후원에 대한 보상을 받을 수 있도록 하는 것이 중요합니다. 또 마찬가지로 장기후원자가 되도록 노력해야 합니다. 하지만, 이기적 동기란 계속적인 보상을 필요로 하며, 당시 유행하는 테마로 후원이 옮겨질 수도 있음을 항상 염두에 두어야 합니다. 대신에 복지관에 대한 좋은 이미지를 계속 유지시켜주는 것이 중요합니다. 언젠가 다시 후원을 하고자 할 때를 위해서 말입니다. 그러므로 복지관은 구체적인 사업보고와 함께 이들의 행위를 지역사회에 알려 후원자로 하여금 긍정적인 피드백을 받을 수 있도록 작업하는 것이 필요합니다. 그리고 후원동기가 이기적 또는 이타적으로 명확하게 드러나는 경우에는 이에 따라 무엇을 좀 더 강화시켜 자기만족을 제공해야 하는지는 판단할 수 있을 것입니다.

후원자의 동기를 나누는 이유는 다시 한 번 말씀드리지만 자기만족을 제공하기 위해서입니다. 고객의 욕구에 따라 자기만족을 적극적으로 제공하는 것에서부터 후원사업은 출발하게 됩니다.

5 브랜드: 복지관에 대한 고정관념

나 - "디지털 카메라를 사려 하는데요"

점원 - "자~ 여기 이 기종의 사양이 있습니다. 보시고 선택하시죠"

```
CCD            1/1.8인치 500만 화소급 CCD (총화소수 530만)
기록화소수      정지화상 : 2,592 x 1,944 / 1,600 x 1,200 / 1,024 x 768 / 640 x 480   동영상 : 320 x 240 / 160 x 120
압축률          RAW(압축X) / Super-Fine / Fine / Normal
기록포맷        정지화상 : JPEG (Exif 2.2), RAW    동영상 : AVI
초점거리        7.2 ~ 28.8mm (35mm 필름 환산시 : 35 ~ 140mm)
조리개          F2.0 ~ F3.0
포커스          컬러 4색, 디지털 4배 프리셋, TTL방식 AF (Continuous / Single), 측거 점 : 1점 (임의 선택 가능), 매뉴얼
포커스범위      초점 오토, 브래킷, 포커스락
매크로          표준 : 50cm ~ 무한대
매뉴얼포커스    5 ~ 50cm (광각), 15 ~ 50cm (망원)
측광모드        명암측광, 중앙집중측광, 스포측광
노출보정        자동 프로그램 AE, 셔터우선모드, 조리개 우선모드, 매뉴얼모드(M등)
노출조정        15 ~ 1/2,000초, 1/3초 이상 부터 노이즈리덕션 자동으로 작동
셔터속도        +/-2.0 EV 까지 1/3EV 스텝
측거방식        오토 프리셋, AE Lock
감도            자동 / ISO 80 / ISO 100 / ISO 200 / ISO 400
화이트밸런스    사용 : 태양광, 흐림, 텅스텐, 형광등, 원광등 (4pre), 매뉴얼 프리셋, 매뉴얼 프리셋
플래쉬          광각 : 0.7 ~ 5cm / 망원 : 0.7 ~ 4.0m (ISO 100 상당시)
외장 플래쉬     핫슈 지원, 스피드 라이트 225EX, 380EX, 420EX, 550EX, 매크로 링 라이트 MR-14EX, 매크로 트윈라이트(MT-24EX)
연사            고속연사 (샘플) : 2.0컷/초    일반연사 (Low) : 1.5컷/초
동영상          320 x 240, 160x, 음성포함 (AVI) x 540, 10x, 음성포함 (24고정) *32MB CF 카드 사용시
디스플레이      광학 실상식 뷰 파인더
액정 모니터     확대식 (밝기)1.8" TFT, 약화면 포스, 시야율 100%
셀프 / 쏠래      점바운 폴라바이 Type I / II
인터페이스      USB
가능 신호방식   NTSC / PAL
전원            전용 리튬이온 배터리, BP-511 또는 BP-512 (1100 mAh), AC 어댑터(ACK-580)
크기            121 x 73.9 x 69.9 mm (4.8 x 2.9 x 2.3 in)
중량            410g
```

나 - "우씨, 뭔 말이야. 초점거리? 렌즈밝기? 측광? 감도? 연사? 어때야 좋은건데요? "

점원 - "그게...... 다 설명드리기가......"

나 - "에이 모르겠다. 그냥 유명한 캐논이나 올림푸스로 주세요"

생각할 힘도 없어

사람들은 일반적으로 생각하기를 무척 싫어합니다. 물론 신중하게 판단을 내려야 한다는 점은 잘 알고 있지만, 실제로 모든 결정의 시기에 깊게 생각한다는 것은 여간 힘든 일이 아닙니다. 게다가 매 순간순간 무엇이 좋고, 무엇이 나쁘고, 어떤 기능이 있고, 어떤 불편함이 있는지를 결정한 후에 물건을 사야만 한다면 사람들은 아마 아무 것도 못하게 될지도 모릅니다. 왜냐하면, 그만큼 바쁘기 때문입니다. 예전에는 해가 떨어지면 바로 잠자리에 들곤 했는데, 지금은 밤 12시가 되어도 사람들은 불을 환히 켜놓고 생활합니다. 24시간 운영되는 창고형 매장도 있습니다. 그런데도 사람들은 바쁘다고 이야기합니다. 실제로 바쁜 것입니다. 처리해야 하는 정보의 양이 너무나 많아졌기 때문입니다.

인터넷과 미디어의 발달로 사람들은 자신이 의사결정할 때 참고할 것이 많아졌습니다. 한편, 정보의 홍수란 무엇인가를 결정해야 할 때 알아보아야 할 것이 더 많아졌음을 의미합니다. 껌 하나를 사도 우리는 맘만 먹으면 껌에 대한 정보를 얼마든지 찾아볼 수 있게 되었습니다. 하지만, 이런 사회가 되자 오히려 사람들은 피곤해졌습니다. 점점 피곤해져서 돈을 받고 일하는 직장에서나 이렇게까지 고민해서 의사결정을 내리지, 피곤한 몸을 이끌고 집에 돌아와서까지 정보를 헤매면서 의사결정을 내리고 싶어하지 않습니다. 오히려 점점 더 단순하게 의사결정을 하고 싶어합니다. 집에 돌아온 남편에게 아내가 이것도 해야 하고, 저것도 해야 하는데 어떻게 했으면 좋겠냐고 물어보면, 대부분의 남편은 "을, 집에서도 저런 거 고민해야 해? 아, 피곤해"하면서 "당신이 알아서 해"하게 됩니다. 지쳐있는 것입니

> 사람들은 틀릴지도 모르는 고민으로 시간을 보내기보다는 자신이 가지고 있는 고정관념에 따라 반응하기 시작합니다. 우리는 의외로 고정관념을 많이 사용하고 있습니다.

다. 참 아이러니한 상황이 펼쳐집니다. 정보가 많으면 올바른 의사결정을 할 수 있을 것이라 기대했지만, 정보의 양이 감당할 수 없을 만큼 쏟아지자 그 많은 양을 처리하지 못하고 결국 아주 단순한 의사결정을 하게 됩니다. 게다가, 모든 정보를 검색할 수 없다는 것이 명백하게 증명되고 있는데, 이로써 결국 자신이 알아본 몇 안 되는 정보들로는 성공을 보증할 수 없다는 결론에 이르게 됩니다. 의사결정이 올바르게 이루어지기 위해서는 결국 높은 수준의 정보를 가져야 하는데, 이것이 말처럼 쉽지 않음을 알게 됩니다. 이렇게 되자, 사람들은 거의 바보처럼 더욱더 단순해지게 됩니다.

결국, 사람들은 틀릴지도 모르는 고민(정보검색)으로 시간을 보내기보다는 자신이 가지고 있는 고정관념에 따라 반응하기 시작합니다. 우리는 의외로 고정관념을 많이 사용하고 있습니다. 거기엔 무엇이 있을까요?

고정관념의 힘

사람들은 일단 고정관념을 만들어 놓으면 그것을 잃어버리고 싶어하지 않습니다. 고정관념을 버리기 시작하면 생각해야 할 것이 너무 많아지기 때문입니다. 고정관념의 힘이 여기에 있습니다. 극단적으로 말하면 이것이 바로 브랜드입니다.

브랜드란 무엇일까요? 고정관념이 마케팅 맥락으로 변형된 것입니다. 왜 소비자들은 브랜드라는 고정관념을 쓰는 걸까요? 자신이 지닌 정보처리의 제한점을 보상받기 위하여 사용합니다. 고정관념으로 머릿속에 남으면 그 이후에는 사람들의 선택을 지속적으로 받을 수 있기 때문에 브랜드가 중요해지는 것입니다.

"소화제는 훼스탈"

"대한민국 대표브랜드 삼성"

"마무리가 확실한 자동차보험 하이카"

"OK! SK"

"깨끗한 맥주 하이트"

"한국인의 두통약 게보린"

"또 하나의 가족 삼성전자"

"엄마가 해주신 밥 햇반"

브랜드는 고정관념을 만들고 이를 관리하는 것이라 말할 수 있습니다. 물론 사람들의 고정관념을 얻는다는 것은 쉽지 않은 일입니다. 하지만 불가능하지도 않다는 점은 수많은 성공한 기업들이 증명해 주고 있습니다. 그리고 여러분의 머릿속에서 이미 확인할 수 있을 것입니다.

6 브랜드 전략: 고정관념이 되는 법

T1. 브랜드 컨셉

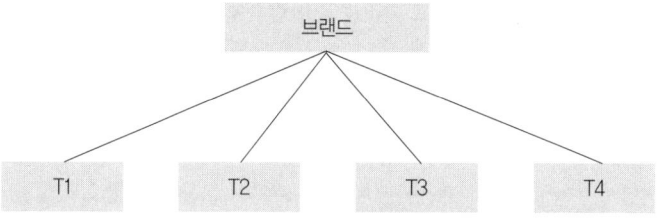

브랜드는 T1, T2, T3, T4라는 순서대로 고객에게 속성trait을 제시하되, T1은 브랜드 컨셉을, 즉 브랜드를 떠올렸을 때 고정관념화 되어 떠오를 수 있는 것으로 제시되어야 합니다. 사람들은 가장 먼저 받아들인 정보로 브랜드를 판단하게 되고, 이후에 받아들이는 정보는 최초의 정보에 따라 정리되기 때문입니다. 즉, T1을 기준으로 T2, T3, T4의 정보를 처리합니다. 첫인상이 중요하다는 것과도 같은 이야기일 것입니다.

이해를 돕기 위해 삼성의 예를 들어보겠습니다. 삼성은 브랜드를 알리기 위해 제일 먼저 '삼성이 만들면 다릅니다'라는 브랜드 컨셉을 소비자에게 제시했습니다. 삼성은 자사의 브랜드를 떠올렸을 때 뭐가 달라도 다르다라는 고정관념을 소비자에게 심어주고 싶었던 것입니다. 이것이 T1이 됩니다. 삼성이 제일 알리고 싶은 것은 바로 브랜드 컨셉, 즉 '삼성이 만들면 다릅니다' 입니다.

T2~T4는 T1을 위해

그럼, T2, T3, T4는 어떤 역할을 하게 될까요? T2~T4는 T1을 확정시킬 수 있는 근거가 되는 것들로 제시됩니다. 즉, 소비자는 T1(삼성이 만들면 다르다)을 듣고 과연 이 말이 사실인지, 내가 받아들여도 되는 진실한 이야기인지 T2~T4를 경험하고 판단하면서 알게 된다는 것입니다.

그렇다면 기업의 입장에서는 T2~T4를 어떻게 제시해야 할까요? T1이 진실이라고 소비자가 생각하게끔 하는 제품들을 T2~T4에 배치해야 합니다. 즉, T2~T4를 선정하는 기준은 T1이 되어야 하는 것입니다. 삼성은 브랜드 컨셉인 '삼성이 만들면 다릅니다'라는 T1을 제시하고 난 후 T2~T4로 삼성전자의 반도체, 휴대폰, PDP 등의 제품을 제시하면서 삼성이 만들면 다르다는 것을 확증합니다. 사실 삼성이 가지고 있는 제품은 수도 없이 많습니다. 이 많은 제품 중에서 T2~T4로 무엇을 제시할까의 기준은 바로 T1이었던 것입니다. T2~T4는 T1을 위해 존재합니다.

차별성의 극대화, 경험의 제공

T2~T4를 통해 소비자에게 T1이 고정관념화 되는 것이 목적입니다. 하지만, T2~T4가 차별점을 쉽게 알 수 없는 제품^{기술제품, 휴먼 서비스 등}이라면, 소비자는 T2~T4가 얼마나 우위에 있는지 확연하게 구분하기 쉽지 않습니다. 삼성컴퓨터와 대우컴퓨터 중 어떤 제품이 기술적으로 우위에 있는지 일반 소비자는 쉽게 알지 못하는 것처럼 말입니다. 따라서, 삼성은 T2~T4를 통해 삼성이 만들면 다르다는 것을 제시하되, 이를 극대화시키기 위해 차별적인 경험을 제공합니다. 바로 삼성의 AS입니다.

삼성 AS는 T2~T4와 함께 삼성이 만들면 다르다는 개념을 경험으로 확증하는 역할을 했습니다. 삼성의 물건을 사면 AS하나는 끝내주게 받았던 경험을 가지게 되니, 당연히 삼성은 다르다는 것을 인정하게 된 것입니다. 물론, T2~T4로 제시된 제품들도 차이가 있었습니다. 여기에 삼성은 차별적 경험, 즉 AS를 제공함으로써 T1이 진실이라고 사람들이 받아들이게 한 것입니다.

브랜드의 확장 및 관리

T1이 T2~T4와의 차별적 경험으로 고정관념화 되면 브랜드가 붙어있는 모든 제품으로 T1의 영향력은 확장됩니다. 즉, 브랜드 자산이 구축되고 브랜드 확장이 이루어집니다. 삼성이 T1인 '삼성이 만들면 다릅니다'를 획득하자 이제부터는 삼성이라는 브랜드가 붙어 있는 모든 제품으로 고정관념이 확산된 것입니다. 그러한 고정관념은 삼성 전자제품에서 출발하였지만 아파트, 의료원, 자동차에까지도 확장되어 받아들이게 됩니다. 그래서 삼성이라는 브랜드만 붙어

있으면 '삼성이네? 뭔가 달라도 다르겠지' 하면서 안심하고 구매하게 되는 것입니다.

물론, 확장된 제품이 T1에 걸맞지 않는 제품이고, 이렇게 T1에 어긋나는 제품을 소비자가 계속 구매하게 된다면 결국 T1에 대한 신뢰를 다시 잃어버릴 수도 있게 됩니다. 그렇기에 삼성은 자사의 계열사 모두에 삼성이라는 브랜드를 붙이는 것이 아니라, T1에 걸맞는 계열사만 삼성 브랜드를 붙일 수 있도록 관리하고 있습니다. 같은 삼성 계열이지만 에버랜드, 에스원, 제일모직 등이 삼성이라는 브랜드를 사용하지 않는 이유입니다. 브랜드는 한 번 고정관념을 획득한다고 해도, 계속 관리해 주어야 합니다. 왜냐하면, 브랜드 관리는 결국 소비자 인식을 관리하는 것과 같은 말이기 때문입니다.

여기에 실린 브랜드에 대한 이해는 많은 부분 신병철 선생님의 저서에서 발췌한 것들입니다. 대부분의 브랜드 관련 서적들은 너무 이론적이거나 너무 실무적이어서 아쉬움이 많았지만, 브랜드에 대한 통찰력을 가질 수 있게 한 책이 바로 신병철 선생님의 책이었습니다. 이론을 정확히 알고 적용하는 것과 어렴풋이 알고 적용하는 것의 차이는 결과가 말해줄 것입니다. 『쉽고 강한 브랜드 전략 – 브랜드인사이트』와 『삼성과 싸워이기는 전략』이 두 가지 책을 반드시 필독하시고, 사회복지에 브랜드를 적용하시기를 권해드립니다.

> 브랜드는 한 번 고정관념을 획득한다고 해도, 계속 관리해 주어야 합니다. 왜냐하면, 브랜드 관리는 결국 소비자 인식을 관리하는 것과 같은 말이기 때문입니다.

7 브랜드의 힘: 브랜드가 장기적 후원 창고가 된다

고정관념이 마케팅적 맥락에서 변형된 것이 브랜드인데, 사회복지만의 브랜드 특성에 따라 브랜드 전략을 후원사업에 사용함으로써, 결국 후원자로부터 고정관념을 획득하게 되면 과연 어떠한 혜택이 발생할까요?

후원자에게 보증의 역할을 한다

브랜드는 사람들로 하여금 선택 시 떠오르는 위험성을 낮춰주는 역할을 합니다. 즉, 브랜드를 통해 보증을 받는다고 생각하기 때문에 브랜드 파워가 강한 것과 비례하여 고객으로부터 선택받을 가능성이 높아짐을 의미하게 됩니다.

예를 들어, 지역주민이 "○○복지관은 지역을 위해 최선을 다한다"는 이미지를 가지고 있다고 가정해 보겠습니다. 그러면 그 지역주민이 후원자가 되는 데 1단계 장애물은 이미 제거된 상태가 됩니다. 최소한 OO복지관에 후원하면 좋은 곳에 잘 쓸 것이라는 믿음을 가질 수 있게 된다는 것입니다. 만약 여러분이 지역주민이라면 이러한 브랜드 이미지를 가지고 있는 OO복지관과 이름도 들어본 적 없는 복지단체 중 어떤 곳에 후원을 하시겠습니까? 물어보나마나입니다. 이것이 바로 브랜드의 힘입니다. 복지관의 브랜드화는 결국 복지관 후원자 개발 시 도움을 받을 수 있게 됩니다.

복지관 자체를 설명하지 않아도 된다

대부분의 사람들은 복지관이 무엇을 하는 곳인지 잘 알지 못합니다. 단순히 좋은 일 하는 곳이라고 생각하지만, 구체적으로 무엇을 하는지 알지 못합니다. 그래서 후원금이 어디에 어떻게 사용되는지 전혀 알지 못합니다. 대충 좋은 데 쓰였겠지 정도로 이해합니다. 그만큼 일반 시민은 복지관에 대하여 추상적으로 이해하고 있습니다.

복지관에 대한 일반 시민의 추상적 이해라는 것은 결국 후원 시에 큰 어려움을 가져오게 합니다. 후원을 요청하기 전, 후원자에게 복지관을 설명해야 하는 단계를 반드시 거쳐야 함을 의미하기 때문입니다. 물론, 설명하면 되지 그게 무슨 문제냐 할 수 있습니다. 하지만, 복지관 직원도 복지관이 무엇을 하는 곳인지 한마디로 설명하지 못합니다. 저는 지금까지 자신이 일하는 복지관에 대해 한마디로 설명하는 사회복지사를 한 명도 만나본 적이 없습니다. 장황하게 설명하는 것은 들어보았지만, 기억에 남는 한마디로 복지관을 설명하는 직원은 만난 적이 없습니다. 이렇게 되면 복지관이 무엇을 하는 곳인지 듣는 사람의 머릿속에는 또 다시 추상적 이해로만 멈추게 됩니다.

> 브랜드는 한 가지 단어, 한 가지 특성에 집중하여 이를 고정관념화시키는 특성을 가지고 있기 때문에 그만큼 쉽게 복지관을 설명할 수 있습니다.

좋은 일 하는 것 같긴 한데 기억되는 것은 별반 없는 것입니다. 또 다시 복지관에 대해 설명이 필요한 상황이 벌어집니다.

게다가 장황하게 설명하다 보면 복지관에서는 그다지 중요하게 생각하지 않는 부분이지만, 후원자의 귀에는 쏙 들어가 복지관에 대한 오해를 심어줄 가능성도 높아집니다. 복지서비스에 대해 설명을 쭉 하다가, 교양교실에 대한 이야기를 내뱉었는데 듣는 사람에게 유독 교양교실에 대한 기억이 깊게 남게 되면 '복지관은 값싼 문화센터'로 인식하게 될 수 있습니다. 이렇게 되면 이후에 기억을 수정하기란 쉽지 않습니다. 특히, 그 사람이 다른 사람들에게 복지관은 값싼 문화센터라는 개념을 퍼트리기라도 하면 그만큼 복지관의 인식은 치명타를 얻게 됩니다.

하지만, 브랜드가 되면 최소한 복지관이 뭐하는 곳이라고 이해시키는 데 드는 노력은 줄일 수 있습니다. 브랜드는 한 가지 단어, 한 가지 특성에 집중하여 이를 고정관념화시키는 특성을 가지고 있기 때문에 그만큼 쉽게 복지관을 설명할 수 있습니다. 예를 들어, OO복지관은 '찾아가는 생활편의 제공 복지관'이라고 설명해 주면 그 의미가 바로 이해되고 무엇을 하는 곳인지도 대충 이해됩니다. 그리고 여기에 맞는 서비스 몇 가지, 무료급식배달, 장애인이동목욕, 집수리, 가정방문상담 등을 제시하면 복지관에 대한 설명은 그것으로 끝나는 것입니다. 즉, 후원을 개발할 때에는 단순하게 복지관에 대한 연상을 하게 해주고 바로 후원받고자 하는 프로그램을 설명할 수 있게 됩니다. 결국, 브랜드 전략은 후원 시 장애요인을 또 하나 제거하게 되는 효과를 가지는 것입니다. 브랜드는 나 자신을 한마디로 이해시키는 힘을 가지고 있으며, 상대방에게도 내 자신이 의도하는 것과 다르지 않게 인식할 수 있게 하는 힘을 가지고 있습니다.

충성후원자가 확보된다

브랜드가 된다는 것은 진정한 지지자, 즉 충성고객을 가지는 것을 의미합니다. 복지관이 추구하는 바가 명확하기 때문에 이에 동의하는 핵심후원자가 생기게 됩니다. 인원은 적을 수 있습니다. 하지만, 핵심후원자는 그만큼 안정적, 장기적으로 복지관 후원금이 확보된다는 것을 의미하며, 또한 다른 사람들에게 복지관을 적극적으로 홍보하고 심지어는 보증하는 역할까지 하게 된다는 점에서 큰 의미를 가집니다. 브랜드 전략을 통해 확보되는 핵심후원자는 돈주고도 살 수 없는 적극적 지지자가 됩니다. 이것이 브랜드의 힘입니다.

> 브랜드가 된다는 것은 진정한 지지자, 즉 충성고객을 가지는 것을 의미합니다. 복지관이 추구하는 바가 명확하기 때문에 이에 동의하는 핵심후원자가 생기게 됩니다.

후원자의 자기만족이 높아진다

브랜드가 됨으로써 후원자로 하여금 같은 돈이라 하더라도 좀 더 가치 있는 일에 사용했다는 자기확신을 가지도록 작용합니다. 예를 들어 설명하겠습니다. 결식노인을 돕는다는 같은 명목으로, 지하철에서 이름 모르는 복지단체에서 모금하는 것과 지명도 있는 복지단체에서 모금하는 것 중 어떤 곳에 후원할 때 더 만족감을 가지게 되는지는 설명하지 않아도 명확합니다. 어쩌면 지하철의 모금함에 돈을 넣는 것은 피할 수 없는 상황이기 때문에 넣는 것이지, 만족을 얻으려고 하는 것은 아닐 것입니다. 하지만, 지명도 있는 복지단체에 기부하는 것은 그 복지단체의 일에 자신이 간접적으로 참여했다는 의미를 부여받는 것이며, 혹여 그 복지단체가 복지서비스를 제공하는 모습을 매체를 통해 접하기라도 한다면 후원자는 더욱더 높은 자기만족을 가질 수 있습니다. 브랜드에 따라 같은 금액을 내도 후원자는 자기 만족을 얻는 수준이 다르게 나타나게 됩니다.

결국, 브랜드를 통해 후원자의 자기만족 수준은 높아지고, 이렇게 자기만족 수준의 상승은 장기적 후원으로 연결되어 결국 충성후원자화 될 수 있는 가능성이 높아짐을 의미합니다. 브랜드 파워를 키워야 하는 이유가 여기에 있습니다.

후원자에 대한 사회적 인식이 달라진다

몇 년 전만 해도 사회복지공동모금회라 하면 어떤 곳인지 모르는 사람이 많았습니다. 그리고, 빨간 열매로 되어있는 공동모금회 마크를 양복에 차고 있으면 그게 무엇을 의미하는지 모르는 사람이 더 많았습니다. 하지만, 지금은 그 마크만 달고 있어도, "아! 저 사람은 남을 돕는 일에 동참한 사람이구나"하는 생각이 떠오르게 됩니다. 그리고, 그 사람을 다시 보게 합니다. "생각보다 괜찮은 사람이네…" 즉, 마크 하나로 사람에 대한 사회적 인식이 달라지는 것입니다. 이는 사회복지공동모금회와 그 마크가 브랜드 파워를 가지게 되면서 얻게 된 후원자 이미지입니다. 브랜드 파워를 가지면 고객의 이미지도 만들어낼 수 있게 됩니다.

이러한 맥락에서 후원자는 브랜드 파워가 높은 복지관을 찾게 되는 것이 당연합니다. 그리고 브랜드 파워가 높은 곳에 후원하게 되면 후원자에 대하여 주변에서 바라보는 시선도 달라짐을 후원자는 피부로 느끼게 됩니다. 이렇게 되면 브랜드는 후원자의 사회적 이미지에도 긍정적인 영향을 미치고 결국 후원자의 장기후원자화에 많은 영향을 미치게 되는 중요한 요소가 되는 것입니다. 우리도 모르는 사이에 브랜드 파워가 중요해진 시기가 온 것입니다.

직원이 당당해진다

　브랜드 파워가 클수록 그 곳에서 일하는 직원의 프라이드 또한 높아집니다. 그리고 사람들에게 일일이 설명하지 않아도 모두 알아주기 때문에 직원도 자기만족을 높이게 되고, 후원 개발에 있어서도 당당해질 수 있습니다. 더욱이 경제적 성과보다는 사회적 평가나 자기만족에 민감한 사회복지사의 경우에는 브랜드 파워가 클수록 직무만족도 또한 비례해서 높아질 가능성이 크다고 생각합니다. 이렇게 되면 직원의 눈빛부터 달라질 수 있습니다. 그리고 정말 꼭 필요한 일을 한다고 생각하는 사람은 후원자에게 당당하게 후원해 달라고 말할 수 있습니다. 물론 거절당할 수 있습니다. 하지만, 자신이 하는 일이 정말로 소중한 일이라는 신념에는 변화가 없습니다. 직원이 자신의 일에 대하여 확신을 가지게 됨으로써 당당해질 수 있는 자신감을 획득한다는 점에서도 브랜드는 중요합니다.

　결국, 후원과 브랜드가 만나게 되면 브랜드가 복지관의 장기적이고 안정적인 후원창고가 될 수 있습니다. 직원은 당당하게 이야기할 수 있고, 후원자는 좀 더 큰 만족감을 가지면서 후원할 수 있으며, 또한 복지관은 안정적 후원금 확보로 운영의 자율성을 확보할 수 있고, 고객은 좀 더 질 높은 서비스를 제공받을 수 있게 됩니다. 후원사업과 브랜드가 만나야 하는 이유가 여기 있습니다. 바로, 후원과 브랜드가 만났을 때 펼쳐지는 혜택이 크기 때문입니다.

> 후원과 브랜드가 만나게 되면 브랜드가 복지관의 장기적이고 안정적인 후원창고가 될 수 있습니다.

8 깊이 있는 페이지: 사회복지 브랜드의 특징

사회복지 + 브랜드

위에서 설명한 브랜드 구조를 사회복지에 적용해 보면 어떻게 될까요? 물론 간단하게 만들어보면 다음과 같을 것입니다.

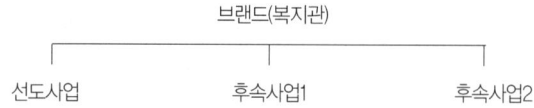

하지만, 이렇게 적용해서는 실패할 것이고 고개를 갸우뚱하게 될 것입니다. 사회복지만의 특징과 차이점이 있는데 이를 무시하고 적용했기 때문입니다. 따라서, 먼저 사회복지와 기업의 차이점을 찾아볼 필요가 있습니다. 다음의 표는 일반 기업과 복지의 차이점에 대하여 적은 것입니다.

	기업	복지
이용자	구매자	복지대상자
금액지급	구매자	정부(50%), 운영자(50%), 후원자
지급자 만족	제품으로 직접 판단	사업보고 등으로 간접 판단

이것은 무엇을 말해줍니까? 보통은 구매자를 만족시키면 그에 대한 대가로 금액이 지급되는 형태이지만, 복지관은 이용자인 복지대상자를 만족시킨다 해도 금액이 지급되는 데에는 큰 영향을 미치지 못함을 말하고 있습니다. 특히, 금액을 지급하는 후원자의 입장에서는 직접 서비스를 이용하는 사람이 아니라는 점 때문에 기업의 상황과는 많이 다르게 나타납니다. 바로 이 점 때문에 사회복지에는 제품이 없다고 말하는 경우가 많습니다. 하지만, 앞의 그림에 몇 가지 더 첨가해 새롭게 정의를 내리면 사회복지도 브랜드 마케팅의 영역이 될 수 있습니다.

브랜드는 복지관이 되고, 제품은 선도사업과 커뮤니케이션이 됩니다. 여기에서 커뮤니케이션을 새롭게 삽입한 이유는 다음과 같습니다. 대부분의 후원자는 사업을 보아도 이것이 어떻게, 어떤 점에서 효과가 있는지 쉽게 알지 못합니다. 제품은 써보면 바로 아는데, 복지관 사업은 후원자 본인이 이용하는 것이 아니기 때문입니다. 따

> 사회복지 브랜드 마케팅에서 가장 중요한 것은 바로 프로그램과 후원자와의 커뮤니케이션이며, 이것에서 핵심경쟁력을 갖추고 있어야 합니다.

라서, 후원자 입장에서는 커뮤니케이션이 브랜드 신뢰를 형성하는 데 더 많은 영향을 미치게 됩니다. 바로, 커뮤니케이션이 제품이 되는 것입니다. 욕구를 충족시키는 것이 제품이라는 개념에서 출발하면 우리가 후원자에게 전하는 감사편지, 사업보고가 바로 후원자의 욕구를 충족시키는 것이며, 이것이 바로 제품이 될 수 있습니다.

하지만, 커뮤니케이션은 기본적으로 후원자를 대신해서 좋은 서비스를 제공하는 사업이 있어야 가능합니다. 사업보고를 쓰려고 해도 좋은 프로그램 결과가 없으면 불가능하기 때문입니다. 따라서, 사회복지에서 제품은 복지사업^{프로그램}과 이를 구체적으로 알려서 욕구를 충족할 수 있도록 하는 커뮤니케이션이 됩니다.

사회복지 브랜드 마케팅에서 가장 중요한 것은 바로 프로그램과 후원자와의 커뮤니케이션이며, 이것에서 핵심경쟁력을 갖추고 있어야 합니다. 이것이 바로 사회복지 브랜드 마케팅에서의 제품이 되기 때문입니다.

제2장
브랜드의 시작: 브랜드 아이덴티티, 자신만의 것

이 많은 복지관 중 자기가 속한 복지관이 굳이 필요한지 생각해 보고 그 이유를 말하시오.

가락종합사회복지관, 가산종합사회복지관, 가양4종합사회복지관, 가양5종합사회복지관, 가양7종합사회복지관, 갈월종합사회복지관, 강남종합사회복지관, 강동종합사회복지관, 공릉종합사회복지관, 광장종합사회복지관, 구로종합사회복지관, 구세군강북종합사회복지관, 궁동종합사회복지관, 길음종합사회복지관, 노원종합사회복지관, 녹번종합사회복지관, 능인종합사회복지관, 대방종합사회복지관, 도봉서원종합사회복지관, 동대문종합사회복지관, 동작이수사회복지관, 동작종합사회복지관, 등촌1종합사회복지관, 등촌4종합사회복지관, 등촌7종합사회복지관, 등촌9종합사회복지관, 마들사회복지관, 마천종합사회복지관, 면목사회복지관, 목동종합사회복지관, 반포종합사회복지관, 까리따스방배종합사회복지관, 방아골종합사회복지관, 방화1종합사회복지관, 방화2종합사회복지관, 방화6종합사회복지관, 번동2종합사회복지관, 번동3종합사회복지관, 본동종합사회복지관, 봉천종합사회복지관, 북부종합사회복지관, 사당종합사회복지관, 사랑의전화종합사회복지관, 삼전종합사회복지관, 상계종합사회복지관, 상도종합사회복지관, 생명의전화종합사회복지관, 서대문종합사회복지관, 서울시립대종합사회복지관, 서초종합사회복지관, 선의관악종합사회복지관, 성내종합사회복지관, 성동종합사회복지관, 성민종합사회복지관, 송파종합사회복지관, 수서명화종합사회복지관, 대청종합사회복지관, 수서종합사회복지관, 신내종합사회복지관, 신당종합사회복지관, 신림종합사회복지관, 신목종합사회복지관, 신사종합사회복지관, 신정종합사회복지관, 신월종합사회복지관, 영등포종합사회복지관, 우면사회복지관, 월계종합사회복지관, 옥수종합사회복지관, 유락종합사회복지관, 유린원광종합사회복지관, 효창종합사회복지관, 은평종합사회복지관, 이대성산종합사회복지관, 이대종합사회복지관, 자양사회복지관, 잠실종합사회복지관, 장위종합사회복지관, 정릉종합사회복지관, 종로종합사회복지관, 중곡종합사회복지관, 중계종합사회복지관, 중대부설종합사회복지관, 창동종합사회복지관, 청담종합사회복지관, 대화기독교사회복지관, 장안종합사회복지관, 평화종합사회복지관, 풍납종합사회복지관, 하계사회복지관, 한빛종합사회복지관, 강만사회복지관, 강서구종합사회복지관, 개금사회복지관, 공창종합사회복지관, 금곡종합사회복지관, 금정구종합사회복지관, 기장종합사회복지관, 낙동종합사회복지관, 남광종합사회복지관, 남구종합사회복지관, 남산정사회복지관, 다대사회복지관, 당감종합사회복지관, 덕천종합사회복지관, 동구종합사회복지관, 동래종합사회복지관, 동삼사회복지관, 동원종합사회복지관, 두송종합사회복지관, 모라종합사회복지관, 몰운대종합사회복지관, 반석종합사회복지관, 반송종합사회복지관, 백양종합사회복지관, 부산기독교종합사회복지관, 부산종합사회복지관(KCF), 부산종합사회복지관(로사), 부산진구종합사회복지관, 사상구종합사회복지관, 사직종합사회복지관, 사하구종합사회복지관, 상리종합사회복지관, 서구종합사회복지관, 연제구종합사회복지관, 영도구종합사회복지관, 영진종합사회복지관, 용호종합사회복지관, 와치종합사회복지관, 운봉종합사회복지관, 장선종합사회복지관, 전포종합사회복지관, 절영사회복지관, 중구종합사회복지관, 파랑새종합사회복지관, 학장사회복지관, 해운대종합사회복지관, 화정종합사회복지관, 남구종합사회복지관, 남산종합사회복지관, 남산기독교종합사회복지관, 달성군종합사회복지관, 가정종합사회복지관, 대구제일기독사회복지관, 대구종합사회복지관, 동촌종합사회복지관, 범물종합사회복지관, 본동종합사회복지관, 산격종합사회복지관, 상인종합사회복지관, 제일종합사회복지관, 서구종합사회복지관, 선린종합사회복지관, 성서종합사회복지관, 신당종합사회복지관, 안심제1종합사회복지관, 안심종합사회복지관, 월성종합사회복지관, 자산종합사회복지관, 청곡종합사회복지관, 학산종합사회복지관, 홀트대구종합사회복지관, 황금종합사회복지관, 갈산종합사회복지관, 계양종합사회복지관, 만수종합사회복지관, 만월종합사회복지관, 미가엘종합사회복지관, 미추홀종합사회복지관, 부평종합사회복지관, 삼산종합사회복지관, 석학종합사회복지관, 연수세화종합사회복지관, 연수종합사회복지관, 인천기독교종합사회복지관, 인천종합사회복지관, 각화종합사회복지관, 광주시민종합사회복지관, 광주종합사회복지관, 금호종합사회복지관, 동산대학교종합사회복지관, 두암종합사회복지관, 무등종합사회복지관, 무진종합사회복지관, 빛고을종합사회복지관, 송광종합사회복지관, 쌍촌시영사회복지관, 쌍촌종합사회복지관, 양지종합사회복지관, 오치종합사회복지관, 우산종합사회복지관, 인애종합사회복지관, 첨단종합사회복지관, 하남종합사회복지관, 호남종합사회복지관, 대덕종합사회복지관, 대동종합사회복지관, 대전기독교종합사회복지관, 둔산종합사회복지관, 법동종합사회복지관, 산내종합사회복지관, 생명종합사회복지관, 성락종합사회복지관, 송강사회복지관, 용문종합사회복지관, 월평종합사회복지관, 정림종합사회복지관, 중리종합사회복지관, 중촌사회복지관, 판암종합사회복지관, 한밭종합사회복지관, 가야사회복지관, 거로종합사회복지관, 고강복지회관, 과천종합사회복지관, 광명종합사회복지관, 구리사회복지관, 군자사회복지관, 대야종합사회복지관, 덕유사회복지관, 목감종합사회복지관, 무봉종합사회복지관, 문촌7사회복지관, 문촌9사회복지관, 매화종합사회복지관, 본오종합사회복지관, 부락종합사회복지관, 부천시상동종합사회복지관, 부천종합사회복지관, 부흥사회복지관, 분당YMCA종합사회복지관, 삼정복지회관, 성남종합사회복지관, 수원연무사회복지관, 심곡복지회관, 안성종합사회복지관, 안양시비산사회복지관, 용인종합사회복지관, 우만종합사회복지관, 율목종합사회복지관, 원당사회복지관, 원종종합사회복지관, 일산종합사회복지관, 작은자리종합사회복지관, 장암종합사회복지관, 정왕종합사회복지관, 주몽종합사회복지관, 중탑종합사회복지관, 정솔종합사회복지관, 초지사회복지관, 춘의종합사회복지관, 합정종합사회복지관, 하안종합사회복지관, 한라종합사회복지관, 한솔종합사회복지관, 흰돌마을종합사회복지관, 강릉종합사회복지관, 동해종합사회복지관, 삼척종합사회복지관, 월드비전춘천종합사회복지관, 속초종합사회복지관, 양구종합사회복지관, 원주가톨릭종합사회복지관, 원주명륜종합사회복지관, 원주종합사회복지관, 춘천종합사회복지관, 춘천효자종합사회복지관, 횡성군종합사회복지관, 북부종합사회복지관, 산남종합사회복지관, 서부종합사회복지관, 용암종합사회복지관, 제천종합사회복지관, 증평상보사회복지관, 증평종합사회복지관, 청주사회복지관, 청주종합사회복지관, 충주종합사회복지관, 공주기독교종합사회복지관, 금강종합사회복지관, 명천종합사회복지관, 보령시종합사회복지관, 서산시종합사회복지관, 쌍룡사회복지관, 서산석림사회복지관, 아산사회복지관, 온주종합사회복지관, 천안성정종합사회복지관, 탕정사회복지관, 홍성사회복지관, 군산나운종합사회복지관, 군산종합사회복지관, 갈보종합사회복지관, 김제사회복지관, 김제제일사회복지관, 남원사회복지관, 동암종합사회복지관, 부송종합사회복지관, 원광종합사회복지관, 전북종합사회복지관, 전주종합사회복지관, 전주평화사회복지관, 정읍사회복지관, 나주영산포종합사회복지관, 나주종합사회복지관, 목포시사회근로복지관, 무안군종합사회복지관, 문수종합사회복지관, 보성종합사회복지관, 상동종합사회복지관, 상리사회복지관, 소라종합사회복지관, 순천조례사회복지관, 순천종합사회복지관, 여수미평사회복지관, 여수시종합사회복지관, 쌍봉종합사회복지관, 해남종합사회복지관, 기흥종합사회복지관, 구미종합사회복지관, 금오종합사회복지관, 김천부곡사회복지관, 김천시종합사회복지관, 문경모전사회복지관, 백천사회복지관, 상주냉림사회복지관, 안동시종합사회복지관, 영천아사종합사회복지관, 용강종합사회복지관, 창포종합사회복지관, 칠곡군종합사회복지관 ……

1 어두울수록 빛을 발한다

양초에서 배우는 브랜드 전략

    기술이 발전하면서 양초를 사용하는 사람은 거의 없습니다. 양초보다 훨씬 밝은 빛을 내는 것들이 많아졌기 때문입니다. 그래서 양초는 다른 용도로 사용되기 일쑤입니다. 지퍼가 뻑뻑할 때 초를 문질러 지퍼를 부드럽게 하는 데 사용되기도 하고, 나무로 된 교실 마루 바닥 청소할 때도 사용되곤 합니다. 이것도 옛날이야기이고 요즘에는 서랍 속에 처박혀 있거나, 담배연기 없애는 데 사용하는 것이 대부분일 것입니다.

    그럼에도 불구하고 촛불은 우리의 일상생활에서 때때로 대단히 유용하게 사용되곤 합니다. 어느 때인가요? 바로 정전되었을 때입니다. 정전이 되면 그동안 사용하던 모든 빛은 힘을 잃게 됩니다. 그리고 사람들은 양초를 찾게 됩니다. 어두움 가운데 불안한 마음으로 더듬더듬 양초를 찾습니다. 결국 양초에 불을 붙이게 되면 드디어

촛불이 환하게 온 방안을 비춥니다. 형광등보다 밝기는 덜하지만, 어두움 속에서 빛나는 촛불은 불안한 마음을 일시에 흩어버리고, 새로운 광명과 같은 존재로 느껴지기까지 합니다. 어두움 속에서 빛을 발하는 촛불! 어두울수록 촛불은 빛을 발합니다.

> 우리는 흔히 사회복지의 역할을 빛에 비유하곤 합니다. 사회복지가 세상의 소외되고 어두운 곳에 빛의 역할을 해야 한다고 이야기합니다. 빛과 복지는 참으로 비슷한 면이 많습니다.

우리는 여기서 2가지 원리를 찾을 수 있습니다. 첫째, 양초는 마땅히 해야 할 일을 행할 때, 즉 불빛을 낼 때 가장 소중한 존재가 된다는 것입니다. 양초가 아무리 다른 용도로도 사용될 수 있다 하더라도 본래의 목적인 빛을 발하는 상황이 될 때 비로소 사람들은 양초의 소중함을 깨닫게 되고, 양초를 반드시 소유해야 한다고 다시금 인정하게 됩니다.

둘째, 양초는 어두운 곳일수록 그 가치가 더 커진다는 점입니다. 아무리 약한 촛불이라 하더라도 그것이 어디에 놓여져 있는가에 따라 빛의 강도가 다르게 느껴집니다. 형광등이 켜 있는 상황에서는 촛불은 힘을 잃게 되지만, 형광등이 꺼져버린 어두운 곳일수록 촛불의 강도는 크게 느껴진다는 것입니다. 이와 같이, 양초는 빛을 내는 데 사용해야 하며, 그 위치가 어디냐에 따라 양초의 효용성은 다르게 느껴집니다.

우리는 흔히 사회복지의 역할을 빛에 비유하곤 합니다. 사회복지가 세상의 소외되고 어두운 곳에 빛의 역할을 해야 한다고 이야기합니다. 빛과 복지는 참으로 비슷한 면이 많습니다. 그리고 신기하게도 우리는 사회복지 브랜드 전략의 큰 원리 2가지를 양초로부터 배울 수 있습니다.

첫째, 마땅함을 실천하는 것이 진정한 차별!

요즘에는 차별성, 구별, 차이점 등등에 대해 많이 이야기하고 많이 생각합니다. 어떻게 하면 다를까? 어떻게 하면 더 잘 보일까? 어떻게 하면 더 구분될까? 등등……. 마케팅에서만 이야기하는 것이 아니라, 우리의 일상 삶에서 특히 진취적이고 젊을수록 다름과 차별성을 강조한다고 생각합니다. 아마도 마케팅이 삶 전체 영역으로 확장되어 우리가 그 영향을 받기 때문이 아닐까 생각합니다.

그런데 모두 다 다름을 생각하다 보니, 차별을 위한 차별, 다름을 위한 다름을 만들어 낸다는 생각이 많이 듭니다. 조금 다른 차별점을 크게 과장하는 것부터 시작해서, 왜 다른지 설명도 안 해주면서 대놓고 다르다고 이야기하고, 남들이 하도 떠드니까 반대로 광고를 몇 초 멈춰버리기도 합니다. 이러한 광고들을 보면서 다름을 알리기 위해 사람들이 이렇게 노력하고 있구나 하고 생각하곤 합니다. 모두 다 다름을 추구하고 있습니다. 하지만, 우리 사회복지가 추구하는 것이 진정 '다름' 뿐일까 하는 생각이 들었습니다.

우리가 존경하는 분들을 잘 살펴보면 '다름' 을 추구하는 것이 아니라 '이것만은 꼭 해야겠다' 는 정신으로 살아오셨다는 것을 알 수 있습니다. 즉, 인생을 통해 자신이 당연히 해야 할 일을 열심히 해 오셨다는 것입니다.

김구 선생님은 첫째 소원도 독립, 둘째 소원도 독립, 셋째 소원도 독립이라 말씀하셨습니다. 차별화를 위해 독립을 선택한 것이 아니라, 독립을 위해 노력하다 보니 부수적으로 차별화가 생긴 것입니다.

신병철 선생님『쉽고 강한 브랜드 전략』의 저자만 해도 학문과 실무의 다리, 즉 브릿지로서의 역할을 인생의 과제라고 말씀하시면서 자신의 지식을 아무 대가없이 나누고 퍼주십니다. 그러한 모습을 보면서 많은 마케터들은 신병철 선생님은 참 다르다라고 이야기합니다.

한덕연 선생님^{사회복지정보원, 전국사회복지대학생정예화캠프}도 마땅함을 추구하시는 분이십니다. 사회복지의 최고관리자^{CEO}의 관점으로 사회복지가 마땅히 추구해야 할 바를 제시하고, 그 푯대를 향해 끊임없이 전진해 나갑니다. 빚을 진다해도 마땅히 해야 하는 일이라 생각하는 일을 결코 포기하는 법이 없습니다. 마땅함에서 진정한 다름이 느껴집니다.

> 다름을 추구하는 것보다 우리 사회에서 중요하게 생각하는 당위성! 바로 그것을 해내는 것으로 다름을 획득할 수 있다고 생각됩니다.

이런 점에서 보면 다름을 위한 다름을 추구하는 것보다 우리 사회에서 중요하게 생각하는 당위성! 바로 그것을 해내는 것으로 다름을 획득할 수 있다고 생각됩니다. 어찌보면 이것이 다름을 위한 다름보다 훨씬 큰 힘을 가질 수 있다고 생각합니다.

- 기업은 으레 이윤을 추구한다고 생각해왔는데, 기업 이윤의 사회환원이라는 당연한 것을 꾸준히 실천한 유한양행의 '우리강산 푸르게 푸르게' 처럼······.
- 기업은 으레 직원을 구조조정할 수밖에 없다고 생각해 왔는데, 직원이 자산이라는 당연한 것을 꾸준히 실천한 유한킴벌리의 사례처럼······.
- 경비원 아저씨는 으레 불친절하고 왕노릇만 한다고 생각해 왔는데, 고객은 왕이라는 당연한 것을 꾸준히 실천하는 좋은 경비원 아저씨들처럼······.
- 의사는 으레 잘 설명해 주지 않는다고 생각해 왔는데, 환자의 알 권리를 당연한 것으로 생각하고 자세히 설명해 주는 의사처럼 말입니다.

> 마땅히 복지로 채워야 하는 자리임에도 불구하고 또, 욕구가 있음에도 불구하고 아무도 활동하지 않는다면, 바로 그 자리에 적극 뛰어들어야 한다는 것입니다. 이렇게 함으로써 차별성을 극대화 할 수 있습니다.

당연한 것을 하는 사람이 다르게 보인다는 것은 어쩌면 인간 세상은 당연한 것을 당연하게 해내는 것이 참 힘든 세상이기 때문일 수도 있으리라 생각됩니다. 하지만 이것은 분명합니다. 마땅함이 전제되어야 다름이 드디어 빛을 발하게 됩니다. 다름을 위한 다름이 아니라, 당연함을 전제한 다름 말입니다. 그러므로 사회복지 브랜드 전략을 추구한다 하더라도 복지가 존재해야 하는 이유, 바로 그 목적을 벗어나서는 안 됩니다. 복지가 마땅히 해야 한다고 여겨지는 것을 좀 더 명확히 추구하는 것이 중요한 것입니다.

마루바닥에 광을 내는 용도로 자주 선택받는다 하더라도, 양초는 빛을 발할 때 가장 아름다운 법입니다. 사회복지도 마땅히 해야 할 바를 추구해야 합니다. 이것이 브랜드 전략의 대전제이자 첫걸음입니다.

둘째, 아무 빛도 없는 곳으로 가라

양초의 불빛이 빛나는 것은 아무 빛도 없는 곳에서 빛나기 때문입니다. 어두운 곳일수록 빛을 발합니다. 복지도 마찬가지입니다. 복지가 소외되고 어두운 곳을 지향한다고 이야기하면서도 정작 어렵고 힘든 곳은 여전히 소외되는 경향이 많습니다.

지역사회의 복지 영역 중 아직 어느 누구도 활동하지 않는 빈 영역이 있다면, 바로 이 영역에 뛰어들어야 합니다. 마땅히 복지로 채워야 하는 자리임에도 불구하고 또, 욕구가 있음에도 불구하고 아무도 활동하지 않는다면, 바로 그 자리에 적극 뛰어들어야 한다는 것입니다. 이렇게 함으로써 차별성을 극대화할 수 있습니다.

저는 복지계에서 마땅히 해야 하는 일임에도 불구하고 아직 비어있는 자리로 뛰어들어 자신의 브랜드 가치를 확고히 한 경우를 수도 없이 말할 수 있습니다. 특히 마땅히 해야 할 일을 하되, 기존의 비어있는 곳으로 뛰어듦으로써 브랜드 가치를 극대화시킨 벤처사회사업은 그 좋은 예가 되리라 생각합니다.

> 양초는 빛을 발할 때 가장 아름답습니다. 그리고 더욱 어두운 곳일수록 강한 인상을 남기게 됩니다. 사회복지도 복지의 존재이유를 실천할 때 가장 아름답습니다.

사회복지정보원 한덕연 선생님, 사회복지사합동사무소 포레스트 정호영 선생님, 청소년문화복지의 개척자 품청소년문화공동체 심한기 선생님, 사회복지 전문 조사 컨설팅 기관 'HS Research Center' 우수명 선생님, 학교사회사업분야를 개척하신 선구자 윤철수 선생님, 정신장애인 사회재활 전문기관 열린세상 & 나눔터 석계나눔터 정선영 선생님, 치료레크리에이션 분야를 개척하신 선구자 채준안 선생님 등등이 그 사례들입니다. 만일 이분들이 비어있는 분야를 개척하지 않으셨다면 브랜드 파워는 지금만큼 하지 않았을지 모릅니다. 벤처사회사업가들이 지금의 브랜드 파워를 가질 수 있었던 것은 결국, 필요하다고 이야기하지만 아무도 하지 않던 영역에 뛰어들었기에 가능했다고 생각됩니다 — 이분들이 브랜드 가치를 높이기 위해서 벤처사회사업을 시작한 것은 아닙니다. 다만 브랜드의 관점으로 분석하면 이러한 분석이 가능하다는 이야기입니다 —. 그러므로 복지관도 지역사회 속에서 비어있는 복지영역을 찾아 자신의 영역으로 삼고 적극 뛰어드는 모습을 보여야 합니다. 그렇게 하면 자연스럽게 복지관의 차별성은 따라오게 되고, 그때 다름은 극대화되는 것입니다.

정리해 보겠습니다. 양초는 빛을 발할 때 가장 아름답습니다. 그리고 더욱 어두운 곳일수록 강한 인상을 남기게 됩니다. 사회복지도 복지의 존재이유를 실천할 때 가장 아름답습니다. 그리고 아직 어느 누구도 서비스하지 않은 복지영역일수록 강한 인상을 남기게 됩니다. 이 두 가지가 바로 사회복지 브랜드 파워를 위한 전제조건입니다.

2 브랜드의 출발점: 자기 복지관만의 비전을 세워라

유한양행 - 기업의 이익은 사회에 환원해야 한다

유한양행은 유한양행이기 때문에 할 수 있는 것이 있습니다. 홈페이지에 있는 유한양행 소개를 옮겨보았습니다.

≪유한양행은 독립운동가이자 사회사업가인 유일한 박사가 "건강한 국민만이 잃었던 주권을 되찾을 수 있다"는 신념으로 1926년 설립한 민족기업입니다. 유한이 지금까지 국민 모두에게 사랑받아 온 가장 큰 이유는 바로 "기업이 얻은 이익은 그 기업을 키워준 사회에 환원해야 한다"는 기본정신 때문입니다.

유한은 제약업계 최초의 기업공개로 자본과 경영을 분리하였으며, 우리나라 최초의 종업원지주제 채택, 전문경영인제 등 선진경영기법을 이 땅에 노입해 국내 기업의 선도적 역할을 수행해 왔습니다. 21세기를 앞둔 지금, 신약연구 분야에서 기술경쟁력의 확보로 세계

> 다른 곳에서 할 수 없는 자기만의 비전을 제시하고 이를 행동으로 보여줄 수 있다면, 사람들의 마음 속에 브랜드로서 확고히 자리잡을 수 있습니다.

수준의 제약기업으로 도약하고 있는 유한은 창업정신을 바탕으로 사회와 국민을 위해 더욱 건강한 사회, 더욱 풍요로운 사회를 만들어 나가는 데 최선을 다할 것입니다.>>--유한양행 홈페이지에서.

유한양행은 기업이 얻은 이익은 그 기업을 키워준 사회에 환원해야 한다는 정신을 가지고 있습니다. 이런 훌륭한 정신을 가지고 있기에 유한양행은 자연스럽게 기업공개, 종업원지주제 도입 등 기존 회사에서는 쉽게 실천하지 못하던 일을 수행하였습니다. 그리고 어려운 상황에서도 꿈에 따라 경영방침을 소신있게 추진해 나갔습니다.

유한양행이 일반기업과는 다르게 독자적인 모습을 보여주자, 유한양행을 바라보는 사람들의 시선이 달라졌습니다. 사람들의 인식에 일반기업과 같아 보이던 유한양행을 따로 끄집어내어 민족기업이라고 부르게 된 것입니다. 사람들이 따로 구분해 낸 것입니다. 사람들은 유한양행이기 때문에 할 수 있는 것들을 직접 눈으로 확인하면서 유한양행의 기업이념이 구호가 아닌 진정한 정신이었음을 알게 되었고, 비로소 유한양행을 다른 일반기업과는 다르게 민족기업이라는 특별한 의미를 부여하는 데 동의하였습니다.

유한양행의 사례는 브랜드 관점에서 볼 때 대단히 중요한 시사점을 가지고 있습니다. 즉, 다른 곳에서 할 수 없는 자기만의 비전을 제시하고 이를 행동으로 보여줄 수 있다면, 사람들의 마음 속에 브랜드로서 확고히 자리잡을 수 있다는 점입니다. 물론 의도한 바는 아니었겠지만, 유한양행이 민족기업으로서 브랜딩될 수 있었던 것은 어느 누구도 쉽게 할 수 없었던 것을 훌륭한 정신으로 추구했고 실천했다는 점에 있을 것입니다. 이것이 바로 유한양행이 추구해온 정신이고, 복지 브랜드에서는 이를 브랜드 아이덴티티라고 할 수 있습니다.

당신의 복지관만이 추구하는 것이 있나요?

저는 복지관에 찾아가서 사회복지사와 이야기 나눌 기회가 주어지면 그 복지관의 목적을 이야기해달라고 요청하곤 합니다. 그러면 복지관의 담당자는 한참을 당황해하면서 모든 복지관이 이야기하는 것을 똑같이 이야기합니다.

"전문성을 바탕으로, 지역주민의 복지향상을 위해……"

어쩌면 그렇게 똑같은지, 대학에서 교육 하나는 끝내주게 받았다는 생각이 듭니다. 그런데 그것이 정말 그 기관의 목적인지 의심스러울 때가 많습니다. 기관이 존재하고 있는 지역의 특성이 다르고, 주민의 특성이 다르고, 기관의 특성이 다른데, 추구하는 바는 같다? 환경이 다른데 추구하는 방식이 같다? 게다가 전국의 복지관이 거의 비슷하다? 제가 볼 때에는 결코 있을 수 없는 이야기입니다. 환경이 다르고 배경이 다른데, 어떻게 추구하는 구체적인 목적이 전국적으로 같을 수 있단 말입니까? 이는 기관의 목적을 좀 더 구체적으로 다시 설정해야 함을 말해주고 있습니다. 기관만의 특징이 보이지 않고, 그 기관만이 할 수 있는 것이 보이지 않기 때문입니다.

사람에게 아이덴티티가 있듯이 기관에게도 존재하는 이유, 즉 아이덴티티가 있어야 하는데 복지관의 그것은 모두 다 똑같아 보입니다. 하나의 복지관은 자신만 할 수 있는 어떤 것도 가지지 못한 채 모든 복지관이 복제품처럼 똑같아 보입니다. 이렇게 되면 사람들은 개별 복지관을 결코 기억할 수 없습니다. 그 기관만이 할 수 있는 것도 없고, 그 기관만이 추구하는 것도 없는데 굳이 머리 속으로 구분

> 복지관은 자신의 아이덴티티를 규정해야 하고, 전문적으로 자신만이 할 수 있는 것을 추구하고, 그 영역을 적극적으로 찾아야 합니다.

할 필요를 느끼지 못하는 것입니다.

기억에 없다는 것은 후원개발 시 장애 요소로 나타납니다. 즉, 지역에 후원개발을 하러 나가도 그 복지관의 이름이 뭐고, 구체적으로 하는 일이 무엇인지 모르기 때문에 후원성공률이 낮아질 수밖에 없습니다. 이 세상의 어느 누가, 무엇을 하는지 알지 못하는 기관에, 게다가 처음 들어보는 기관에 선뜻 후원을 할까요?

복지관은 자신의 아이덴티티를 규정해야 하고, 전문적으로 자신만이 할 수 있는 것을 추구하고, 그 영역을 적극적으로 찾아야 합니다. 그것이 여성복지이든 지역사회조직이든 청소년복지이든 상관없습니다. 자신만의 영역을 개발해야 합니다. 그리고 그것을 강조할 때에야 비로소 사람들의 기억 속에 브랜드로 기억되는 것입니다.

모든 것을 하겠다는 말은 아무것도 하지 않겠다는 말과 같습니다. 이제 복지관도 자신만이 할 수 있는 것을 찾아야 합니다. 복지관만의 비전과 영역을 가지고 있으면 그 기관은 기관 명에서 벗어나 브랜드가 될 수 있습니다.

3 카테고리 분할: 시장을 나누어 내 것을 더 가치 있는 비전으로 만들어라

인식의 사다리가 있다

브랜드마다 자신이 속한 영역이 있고, 고객의 머릿속에는 영역별로 사다리가 있다고 합니다. 바로 인식의 사다리입니다. 그리고 마케팅에서는 이 영역을 카테고리라고 합니다. 예를 들면, 콜라 시장, 김치냉장고 시장, 자동차 시장 등등을 카테고리라 하고 이를 사다리에 비유하기도 합니다. 그리고 인식의 사다리마다 가로대가 있으며, 가장 높은 사다리 가로대는 사람들의 인식에서 가장 먼저 떠오르는 브랜드로 비유됩니다.

이해를 돕기 위해 국내 드럼세탁기를 예로 들겠습니다. 고객의 인식 속에는 국내 드럼세탁기 사다리^{카테고리}가 존재하며, 이 사다리의 가로대 중 트롬이 세일 위에, 하우젠이 그 밑, 클라쎄 등 기타의 것이 다음 가로대를 차지하고 있는 상황입니다. 즉, 국내 드럼세탁기를 생각하면, 제일 먼저 트롬이 떠오르고 그 다음으로 하우젠이 떠오른다는 이야기입니다.

그런데 인식의 사다리를 왜 이야기하는 것일까요? 이유는 간단합니다. 인식의 사다리는 시장 점유율과 관련성을 가집니다. 사람들의 인식 속에서 1등 가로대를 차지하고 있는 브랜드는 실제 시장에서도 1등으로 연결될 가능성이 높기 때문입니다. 이런 이유에서 브랜드는 인식의 사다리를 중요하게 여기고, 사다리의 꼭대기를 향해 끊임없이 올라서려 노력하고 있습니다. 인식의 사다리에서 꼭대기를 차지하면 시장에서 1위도 차지할 수 있기 때문입니다. 이토록 중요한 인식의 사다리는 몇 가지 특징을 가지고 있으며, 사다리 꼭대기에 오르기 위해서는 이를 꼭 기억해야 합니다. 생존하기 위해서 말입니다.

결국 2마리 말만

첫째, 인식의 사다리에서 결국 살아남는 것은 1위와 2위뿐이고, 3위부터는 점차 도태되어 결국 사라지거나 미미해집니다. 실제 시장을 살펴보아도 1위, 2위는 살아남지만, 결국 3위부터는 시장에서 퇴출당하거나, 생존한다 해도 그 파워가 미미한 경우가 많습니다. 콜라 시장이 그러하며 — 코카콜라, 펩시콜라, ???—, 정보통신 시장이 그러합니다 — SKT, KTF, LGT—. 즉, 인식의 사다리에서 3위 이하를 차지하는 브랜드는 결국 고객의 인식 속에서 잊혀져 간다는 것입니다.

그렇다면 이를 복지관에 적용해 보겠습니다. 복지관은 자신이 후원시장에서 몇 위를 차지하고 있는지 판단해야 합니다. 주민이 후원하고 싶은 곳을 떠올렸을 때 우리 복지관이 과연 몇 번째로 떠오르는지 확인해 보아야 합니다. 만약 주민의 인식 속에서 1등일 것 같은 생각이 든다면 후원 실적을 한 번 살펴보십시오. 분명 만족스러운 상황일 것입니다. 하지만 만약 3위에서 그 이하라고 생각한다면 복지관 후원사업은 불만족스러운 상황이 거의 확실할 것입니다. 후원도 시장이며 후원시장이라는 카테고리, 즉 인식의 사다리에 속하기 때문입니다. 따라서, 복지관은 후원시장에서 1위 또는 2위를 향해 달려나가야 합니다.

그런데 지금 후원시장에서 3위라 하더라도 지금의 후원 규모로 복지관을 운영하는 데 아무런 어려움이 없다고 하면 어떻게 해야 할까요? 물론, 지금은 어려움이 없을 수 있습니다. 하지만 지금의 후원시장은 점차 1위와 2위로 집중화되는 현상이 나타날 것입니다. 3위인 복지관의 점유율은 점차 떨어지게 될 것입니다. 지금의 상황은 장기적으로 볼 때 후원금의 감소로 이어질 상황으로 보아야 합니다. 따라서, 3위라는 것에 만족해서는 안됩니다.

지금 3위 아래입니까? 그렇다면 위기입니다. 3위는 1위 또는 2위를 향해 노력해야 하는 상황이지, 만족할 만한 상황은 아닙니다. 사람들이 점차 복지관을 잊고 있는데도 지금의 실적에 만족해있다면 앞으로 다가올 어려움을 보지 못하는 것일 뿐입니다. 어려움을 보지 못한다고, 어려움이 존재하지 않는 것은 아닙니다.

생명체와 같은 인식의 사다리

둘째, 인식의 사다리는 없어지기도 하고, 때로는 새로운 사다리로 분화하기도 하며, 아예 없던 사다리가 새롭게 만들어지기도 합니다. 즉, 유동적이라는 것입니다. 인식의 사다리가 이와 같이 유동적이라는 것은 우리에게 시사하는 바가 큽니다. 우리가 어떻게 하느냐에 따라 1위의 사다리가 만들어질 수도 있음을 의미하기 때문입니다.

이해를 위해 탄산음료 시장의 예를 들어보겠습니다. 탄산음료 시장하면 여러분은 어떤 브랜드가 떠오릅니까? 코카콜라, 펩시콜라, 칠성사이다 등의 순일 것입니다. 코카콜라의 입장에서야 좋은 일이지만, 3위인 칠성사이다의 입장에서는 매우 불안한 상황입니다. 3위라는 것은 위기의 상황이기 때문입니다. 이에 칠성사이다는 새로운 전략을 수행하게 됩니다. 즉, 칠성사이다는 콜라가 아니라는 '언콜라' 캠페인을 펼치면서 콜라의 약점인 카페인을 집요하게 공격하는 것입니다.

언뜻 보기에 너무 당연한 이야기지 않느냐고 생각할 수 있습니다만, 실제로는 큰 차이가 있습니다. 칠성사이다는 이전에는 탄산음료 시장에 속하면서 1위 코카콜라, 2위 펩시콜라와 경쟁을 벌였습니다. 하지만, '언콜라' 캠페인을 통해 탄산음료 시장을 콜라시장과 언콜라시장으로 나누어 버린 것입니다. 이렇게 되자, 콜라시장의 1위, 2위는 바뀌지 않았음에도 칠성사이다는 언콜라시장의 1위로 고객의 인식 속에 남겨지게 되었습니다. 얼마 전까지는 3위였지만, 이제는 언콜라시장에서 당당히 1위로 고객의 머릿속에 기억되는 것입니다.

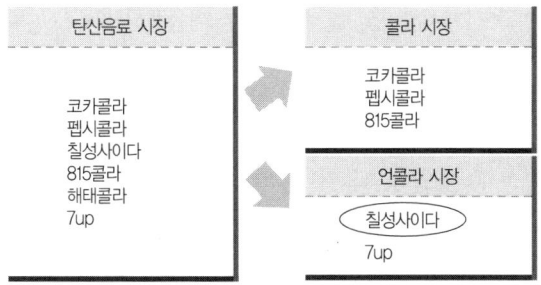

　인식의 사다리의 유동성을 잘 활용함으로써 칠성사이다는 언콜라시장의 1위로 기억되었고, 이후에도 콜라 시장과 사이다 시장의 차이점을 확실히 보여주는 캠페인을 지속적으로 벌여나갔습니다. 카페인이 많은 콜라에 비하여 맑고 투명하기 때문에 깨끗하다고 외쳤습니다. 이를 통해 확실히 콜라와의 차별점을 설명하였고, 언콜라시장의 확고한 1위 자리를 만들어 갔습니다.

　그런데, 한가지 놀라운 사실이 있습니다. 칠성사이다를 만드는 롯데칠성음료 홈페이지를 들어가보면 칠성사이다가 그렇게 공격했던 콜라, 즉 펩시콜라도 함께 만들고 있습니다. 칠성사이다는 콜라 시장 자체를 공격하고 있는데, 그 콜라 시장 안에는 자신의 제품도 있는 것입니다. 언뜻 생각하면 칠성사이다가 콜라시장을 공격하면 할수록 펩시콜라도 타격을 받을 것이라 생각할 수도 있으므로 대단히 이상한 전략이라고 보일 수도 있습니다. 하지만, 롯데칠성음료는 칠성사이다, 펩시콜라 둘 다 살리는 전략을 선택한 것입니다. 즉, 코카콜라라는 완고한 1등이 버티고 있는 콜라 시장에서는 펩시콜라를 통해 코카콜라와 경쟁하도록 하였으며, 3위로서 잊혀질 위기에 있던 칠성사이다는 언콜라시장을 만들어 냄으로써 생존뿐 아니라 콜라 시장의 1위인 코카콜라를 협공하고 있는 것입니다.

지금도 펩시콜라와 칠성사이다는 여전히 사랑받고 있는 브랜드임을 생각한다면 롯데칠성음료의 전략이 유효했음을 알 수 있습니다. 만약 인식의 사다리가 가지는 유동성을 롯데칠성음료가 알지 못했다면, 롯데칠성음료는 코카콜라와 싸우기 위해 펩시콜라를 선택하고 칠성사이다를 죽였을지도 모르는 일입니다.

> 지금 복지관이 1위가 아니라 하더라도 1위가 될 수 있는 시장을 만들고 이를 외쳐나가는 것 또한, 자신만의 영역을 만들어 낼 수 있는 방법이 될 수 있습니다.

복지관도 시장을 나누어 1등이 되어라

복지관도 마찬가지입니다. 복지관은 인식의 사다리 중 어느 자리를 차지하고 있느냐, 어떤 인식의 사다리를 만들어 낼 것이냐에 따라 경쟁자를 다르게 설정할 수 있습니다. 지금 복지관이 1위가 아니라 하더라도 1위가 될 수 있는 시장을 만들고 이를 외쳐나가는 것 또한, 자신만의 영역을 만들어 낼 수 있는 방법이 될 수 있습니다.

복지 브랜드 중에서 자신만의 비전을 가지고 이를 전문영역화한 곳의 예를 찾아 설명해 보겠습니다. 서울시 서초구에 있는 반포종합사회복지관은 중산층을 대상으로 한다는 지향점을 명확히 밝히고 사업을 추진하고 있습니다. 복지는 소외된 사람들만 이용한다는 개념에서 벗어나 모든 시민이 이용할 수 있어야 한다는 비전에서 출발하여 자신만의 영역을 만들어 내고 있습니다. 이렇게 되면 반포종합사회복지관은 복지관을 2가지로 나눌 수 있습니다 — 저소득층을 위한 복지관과 일반 시민을 대상으로 하는 복지관! 이렇게 되면 최소한 반포종합사회복지관은 중산층을 위한 복지관이라는 점에서 분명 선도적인 역할을 하게 되고, 중산층을 지향하는 신규 복지관의 입장에서는 반포종합사회복지관이 앞서가는 1등이 되는 것입니다.

최근, 급격히 그 이름이 알려지고 있는 '아름다운 재단'은 엄밀히 말하여 단순한 복지재단입니다. 하지만, '아름다운 재단'은 다른 곳과 비슷한 복지재단에서 벗어나 자신을 "기부문화 확산을 위해 노력하는 복지재단"이라고 정의하였습니다. 이렇게 되자 '아름다운 재단'은 기존 복지재단과 확연히 구분되는 자신만의 영역을 가지게 되었습니다.

엄밀한 의미에서 보면 복지재단이 기부문화를 확산시키는 데 일조해야 함은 당연한 일입니다. 하지만, '아름다운 재단'은 이를 먼저 자신의 것으로 만들었고 이렇게 하여 복지재단을 2개의 유형으로 나누어 버렸습니다 — 그냥 복지재단과 기부문화를 만들어가는 복지재단. 그리고 '아름다운 재단'은 기부문화를 만들어가는 자신의 전문영역을 가진 재단으로 사람들에게 기억되는 브랜드가 되었습니다.

그렇다면 복지관은 어떻게 자신의 전문영역을 만들어낼 수 있을까요? 물론, 앞에서 말씀드린 대로 자신만이 할 수 있는 일을 찾아야 합니다. 비전, 즉 아이덴티티를 찾아야 합니다. 하지만 복지관들을 보면 대다수 비슷한 상황에 놓여 있는 경우가 많습니다. 실제 차이점을 찾아내려 해도 없는 경우가 많은 것이 사실입니다. 그러므로 이렇게 상호간의 구분이 모호할 때에는 그나마 자신이 잘 할 수 있는 것으로 시장을 나누어 버리는 것이 필요합니다. 시장을 분할하고 그 분야의 일등이라고 외치는 것입니다. '전국후원 VS 지역사회후원', '지역복지에 치중하는 복지관 VS 개별치료에 치중하는 복지관', '청소년에 집중하는 복지관 VS 가정에 집중하는 복지관' 처럼, 이런 분류는 지금 바로 생각하여 적은 것들이지만 이 외에도 어떤 것을 기준으로 잡느냐에 따라 자신만의 영역을 충분히 만들어낼 수 있습니다 — 복지관 간의 경쟁은 가능하면 지양했으면 하는 바램이 있습니다.

> 사람들에게 브랜드로 인식되기 위해서는 자신만의 것을 보여줄 수 있어야 하고, 그것을 통해 인정받기 위해서는 결국 선택과 집중이 필요합니다.

지금도 경쟁으로 인해 이득보다는 손해가 많다고 생각하기 때문입니다. 경쟁자를 어떻게 설정하는가는 이후에 다시 설명하겠습니다 —.

여기에서 가장 핵심적인 것은 결국 선택과 집중이 필요하다는 것입니다. 사람들에게 브랜드로 인식되기 위해서는 자신만의 것을 보여줄 수 있어야 하고, 그것을 통해 인정받기 위해서는 결국 선택과 집중이 필요합니다. 그러나 복지관을 보면 이러한 선택과 집중보다는 모든 것을 다 잘하려는 무모한 노력밖에 보이지 않습니다. 모든 것을 다 잘하는 것은 결국 아무것도 전문적으로 하지 못한다는 의미밖에 없으며 이는 후원에 있어서도 결국 장애요인이 될 것입니다.

4 후원자 중심: 후원자도 공감하는 것이면 충분하다

후원자도 소중하게 생각합니까?

　기관에서는 중요하게 생각하는 것이지만, 실제로 이를 이용하는 고객은 전혀 중요하지 않은 경우를 많이 보게 됩니다.
　복지서비스는 어떻습니까? 복지관의 입장에서는 실적과 서류가 대단히 중요합니다. 하지만, 복지서비스를 이용하는 사람들은 이런 것들이 전혀 중요하지 않습니다. 오히려 거추장스럽기까지 합니다. 복지서비스 하나를 이용하려면, 뭘 그렇게 써야 하는 것이 많은지 모릅니다. 그 어떤 곳도 서비스를 이용하기 위해 가족사항 같은 것을 기입하라고 하지 않는데, 복지관은 엄청나게 물어봅니다. 그리고 그것을 인테이크라고 하면서 알아듣지 못하는 용어로 중요한 것이라 설명합니다. 물론, 복지관 입장에서는 대단히 중요합니다. 하지만, 고객 입장에서는 결코 중요하지 않습니다. 고객은 다만, 그것을 적어야 복지서비스를 이용할 수 있다기에 마지못해 하는 것이지, 그

> 복지관이 자신의 비전과 전문적 영역을 만들어 갈 때에는 후원자의 입장에서 복지관에 후원해야겠다는 공감이 일어날 수 있는 것이어야 합니다. 후원자가 중요하게 생각하는 것을 중요하게 여기는 복지관이 되어야 합니다.

것이 좋아서 하는 사람은 전혀 없을 것입니다. 특히 사회교육류 사업의 경우에는 더욱더 그럴 것입니다. 다시 한 번 고객의 입장에서 생각해 보십시오. 혹 복지관에만 중요한 것을 고객에게 강요하지는 않았는지 말입니다.

이를 브랜드 전략의 관점으로 바꾸어 말하면 다음과 같을 것입니다. 혹 복지관에 후원해야 한다고 말하면서 후원자가 왜 우리 복지관에 후원해야 하는지 생각해 본 적이 있는지 말입니다. 혹 복지관을 이용하라고 말하면서 고객이 어떤 이유 때문에 우리 복지관을 이용해야 하는지 생각해 본 적이 있는지 말입니다. 혹 복지관은 A라는 것을 추구하기 위해 존재한다고 말하면서, 과연 후원자도 이에 동의할지 생각해 본 적이 있는지 말입니다. 혹 우리 복지관은 어떤 전문적인 영역을 가지고 있다고 말하는데, 후원자 역시 그것이 참으로 중요해서 복지관이 꼭 해야 하는 전문적인 영역으로 인정하는지 말입니다.

우리 복지관에 후원해야만 하는 이유로 복지관은 자신의 비전과 전문적 영역을 보여주어야 합니다. 하지만, 후원자의 입장은 고려하지 않고, 복지관의 입장만을 고려하는 경우가 종종 있습니다. 이렇게 되면 후원자의 입장에서는 전혀 공감할 수 없는 것을 가지고 후원을 요청하는 꼴이 되기 때문에 후원은 물건너 갔다고 보아야 합니다. 따라서, 복지관이 자신의 비전과 전문적 영역을 만들어 갈 때에는 후원자의 입장에서 복지관에 후원해야겠다는 공감이 일어날 수 있는 것이어야 합니다. 후원자가 중요하게 생각하는 것을 중요하게 여기는 복지관이 되어야 합니다.

그런 점에서 복지계에 유행하는 이슈에 따라 프로그램을 실행하는 것은 상당히 문제가 있어 보입니다. 유행에 따라 가는 것은 결국 자신만의 영역도 될 수 없을 뿐더러, 그것이 고객의 입장에서 중요한 일이 아닐지도 모르기 때문입니다. 좀 더 엄밀히 말하면 사회복지적으로 클라이언트의 욕구로부터 프로그램이 기획되었느냐 하는 것입니다. 단순히 유행에 따라 프로그램을 도입했다면 욕구로부터 출발하지 않았을 수 있습니다.

기억해야 합니다 — 복지관은 자신의 영역을 선택할 때 그것을 보고 후원자도 공감할 수 있는 것으로 선택해야 한다는 것을. 누가 들어도 고개를 끄덕일 수 있는 전문 영역을 찾아야 합니다. 그렇게 할 때에 비로소 내가 꼭 필요한 일을 하므로 후원해 달라고 당당하게 요구할 수 있게 됩니다.

중요한 것 같아 크게 이야기해도 상대방에게 이렇게 들리면 곤란하다

5 지역밀착 브랜드: 복지관의 비전은 지역에서 찾아야만 한다

그렇다면 복지관에서 자신의 비전과 전문영역을 어떻게 찾으면 고객의 공감을 이끌어 낼 수 있을까요? 맞습니다. 사회복지의 핵심! 바로 욕구에 기반한 프로그램을 해야 합니다. 그리고 저는 여기에 한 가지 더 강조하고자 합니다. 바로 지역사회에 기반한 비전이 수립되어야 합니다.

얼마 전, 청소년복지에서 학교사회사업이 유행한 적이 있었습니다. 마치 학교사회사업만으로 모든 청소년문제가 해결될 수 있을 것인 양 난리를 피웠습니다. 모든 청소년복지사가 학교사회사업에 빠져버렸던 때였습니다. 저 또한, 학교사회사업으로 논문을 썼습니다. 물론, 새로운 것에 대한 관심이 많다는 것은 좋은 일이지만, 그것이 지역의 구분에 상관없이 유행처럼 적용되는 것은 문제가 있습니다. 만약 학교 내 청소년 문제가 거의 발생하지 않는 지역에서 복지관이 그 시대의 유행에 따라 학교사회사업을 실시하고 그것을 전문영역이라고 주장하면 어떻게 될까요? 복지계 내에서는 크게 호응을 받을 수 있을지 모르지만, 복지관이 존립 근거를 가지고 있는 지역사회 내에서는 아무도 인정하지 않는 복지관이 될 것입니다.

다른 예를 들어 보겠습니다. 아파트 단지 중에서 대다수의 주민은 신혼부부 또는 저연령 아동 가족으로 구성되었는데 그 지역의 사회복지관이 노인전문 복지관으로 자신의 영역을 만들어가겠다고 하면 복지관은 자신의 영역이 전문적이라고 이야기할 수 있겠지만, 그 지역 주민은 이것에 대하여 결코 공감할 수 없을 것입니다. 복지관 혼자 좋아하는 전문영역이 되는 것입니다.

> 복지관은 지역사회를 위해 존재해야 합니다. 지역사회로부터 자원을 획득하고 이를 분배할 수 있어야 하고, 지역사회 내 소외된 이웃을 도울 수 있는 방법을 찾아 지원해야 하는 것이 복지관의 기본 포지션입니다.

복지관은 누구를 위해 존재하는 것입니까? 복지관은 지역사회를 위해 존재해야 합니다. 지역사회로부터 자원을 획득하고 이를 분배할 수 있어야 하고, 지역사회 내 소외된 이웃을 도울 수 있는 방법을 찾아 지원해야 하는 것이 복지관의 기본 포지션입니다. 복지관은 지역사회를 기반으로 존재하고 있다고 해도 과언이 아닙니다. 또한 지역사회로부터 인정받지 못해 후원도 받지 못하는 복지관은 다른 지역에서도 후원받지 못할 것입니다.

그러므로 지역사회에서 문제가 되는 것, 핵심적인 어려움을 겪고 있는 것을 명확히 찾아내야 하고, 이를 복지적인 관점에서 해결하기 위해 노력할 때 비로소 전문적이면서 고객이 공감할 수 있는 전문영역이 발생하는 것입니다. 전문영역은 어디에서 가져와서 할 수 있는 것이 아닙니다. 매뉴얼이 있다고 해서, 그 영역 자체가 전문성 있어 보인다고 해서, 그것을 가져와 똑같이 한다고 해서 우리의 전문영역이 되는 것이 아닙니다. 이보다는 욕구를 철저하게 분석하고, 욕구

> 전문영역은 지역사회의 핵심적 어려움에 직접 파고들어 열정적으로 해결하고자 할 때 비로소 획득되는 것입니다. 그럴 때에야 비로소 브랜드가 됩니다.

중심으로 복지서비스를 체계적으로 제공하면 그 자체로 전문영역이 되는 것입니다.

전문영역과 관련하여 사회복지는 전문가 논쟁에 빠졌던 적이 있습니다. 하지만, 사회복지사가 전문가냐 아니냐는 것은 중요한 문제가 아닙니다. 중요한 것은 사람들이 사회복지사를 전문가로 인정할 수 있을 만큼 사회복지사가 열정을 가지고 핵심에 접근해 일하고 있느냐입니다. 만약, 사회복지사가 전문가로 불리고 싶다면, 어느 누가 보아도 사회복지사의 열정과 지식이 핵심에 닿아 있어 사회복지사가 아니면 할 수 없을 것이라는 공감이 이루어져야 합니다. 전문가는 내가 전문가라고 이야기해서 되는 것이 아닙니다. 남들이 전문가라고 불러줄 때 비로소 전문가가 되는 것입니다.

복지관도 마찬가지입니다. 전문영역은 지역사회의 핵심적 어려움에 직접 파고들어 열정적으로 해결하고자 할 때 비로소 획득되는 것입니다. 그럴 때에야 비로소 브랜드가 됩니다.

지역사회의 핵심적 어려움에서부터 복지관의 전문영역을 찾아내야 합니다. 복지관은 지역주민이 볼 때 중요한 문제를 해결하기 위해 복지관만이 할 수 있는 복지적 관점으로 개입한다고 생각해 보십시오. 그러면 그 복지관은 그것만으로 지역주민의 마음 속에 자리잡을 수 있습니다. 이렇게 되면 복지관은 브랜드가 되어 고객과 충분히 교류할 수 있게 되고, 복지관 직원은 꼭 필요한 일을 수행하는 자신에게 후원해달라고 당당하게 요구할 수 있게 됩니다.

6 깊이 있는 페이지: 브랜드 아이덴티티, 컨셉, 이미지, 관리?

Q. 브랜드 아이덴티티? 브랜드 컨셉?

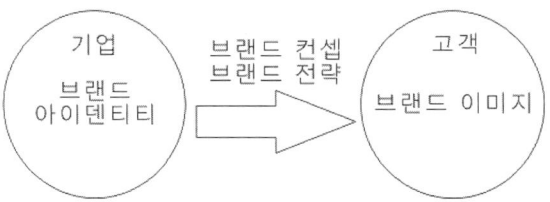

고객이 브랜드에 대해서 가지고 있는 이미지 중에서 의도적으로 기업이 원하는 이미지만 가지도록 관리하는 것이 바로 브랜드 관리이며, 그 중 고객이 1차적으로 기억하기 원하는 것이 바로 브랜드 컨셉이다.

이 다음 페이지들을 한번 쭉 넘겨보십시오. 그러면 어딘가에서 브랜드 컨셉이 나오고, 브랜드 컨셉이 중요하다고 적혀 있습니다. "브랜드 아이덴티티가 있는데 갑자기 브랜드 컨셉은 또 뭐냐?" "브랜드 아이덴티티가 중요하다고 해놓고, 브랜드 컨셉은 또 뭐냐?"라는 궁금증이 생길 것입니다. 브랜드에 대해서 이름만 들어보셨던 분은 많이 혼동될 것입니다. 이 장에서는 사람의 예를 들어 설명하면서 좀 더 이해하기 쉽도록 만들었습니다.

"브랜드 아이덴티티 = 인생철학"

"브랜드 컨셉 = 보이는 모습이미지"

저는 젊은 날 제 인생을 바꾸어주는 분을 만났습니다. 지금은 자주 뵙지 못하지만, 그래도 그분이 계셔서 참으로 힘을 얻습니다. 제가 존경하는 그분을 한마디로 정의하기가 쉽지 않습니다만, 그분은 분명한 철학을 가지고 있으며 그 철학에 따라 모든 발생하는 상황을 해석하여 그분 나름의 행동을 취합니다. 그래서 때로는 투사의 이미지를, 때로는 연설가의 이미지를, 때로는 농부의 이미지를 가지고 있기도 합니다. 동에 번쩍, 서에 번쩍하시지만, 그분의 행동 하나하나는 그분과 나누었던 철학에 의하면 거의 해석이 가능합니다. 왜 그렇게 행동하셨는지, 그리고 어떠한 사태가 일어나면 어떻게 행동하실지 대충 예상이 됩니다. 그래서 철학이 중요하고 세계관, 가치관, 정체성이 중요하다고 생각합니다. 그분은 세계관, 가치관, 정체성을 정립하려 노력하시는 분이고, 그 정체성에 충실히 살아가려 노력하다 보니 필요에 따라 투사, 연설가, 농부의 이미지가 나옵니다. 그분이 사람들 각각에게 각인된 모습^{이미지}은 다릅니다. 하지만, 그분을 존경하는 사람들을 만나서 이야기해보면 이미지는 다르지만 그분의 철학에 대해서는 서로 공감하게 됩니다.

> 브랜드 아이덴티티는 나를 움직이기 위한 것이 되고, 브랜드 컨셉은 내 모습 중에서 다른 사람에게 보이기를 원하는 모습으로 그때의 컨셉이 됩니다.

이러한 것은 브랜드에도 마찬가지로 적용된다고 생각합니다. 먼저, 자신이 브랜드를 운용하는 철학^{브랜드 아이덴티티, 핵심가치}을 명확히 정립합니다. 그리고 구체적으로 고객에게 내가 어떤 모습으로 보여져야 할까를 대표적으로 정리한 것이 브랜드 컨셉이 됩니다. 즉, 고객의 마음속에 심어주고 싶은 이미지가 되겠지요. 브랜드 아이덴티티는 나를 움직이기 위한 것이 되고, 브랜드 컨셉은 내 모습 중에서 다른 사람에게 보이기를 원하는 모습으로 그때의 컨셉이 됩니다.

따라서, 브랜드 아이덴티티와 브랜드 컨셉은 모두 중요합니다. 브랜드 아이덴티티는 복지관 스스로 어떻게 행동해야 하는지 기준이 됩니다. 한편, 브랜드 컨셉은 커뮤니케이션을 하는 데 있어 어떤 컨셉으로 고객에게 복지관의 이미지를 심어줄 것인가에 대한 기준이 되기 때문에 중요한 것입니다.

브랜드 컨셉과 브랜드 이미지는?

물론 고객은 브랜드 이미지를 가지고 있으며, 이는 브랜드 컨셉과 다를 수도 있고, 같을 수도 있습니다. 한 번 브랜드 이미지를 떠올려 볼까요?

여러분은 '삼성'이라고 했을 때 어떤 이미지가 떠오릅니까? 상당히 다양한 이미지가 떠오를 것입니다. 다 열거하기도 힘들겠지요. 이중에는 긍정적 이미지도 있겠지만, 부정적 이미지도 공존하겠지요. 그렇다면 브랜드 매니저는 어떻게 해야 할까요? 삼성의 브랜드

> 브랜드 컨셉은 기업이 고객에게 심어주고자 하는 컨셉이 되며, 브랜드 이미지는 브랜드를 고객이 접했을 때 가지게 되는 이미지가 됩니다.

컨셉에 어울리지 않는 부정적 이미지와 부적절한 이미지를 의도적으로 삭제하고, 브랜드 컨셉에 맞는 이미지를 의도적으로 강화해야 합니다. 그렇게 하여 고객의 입장에서 삼성이라는 브랜드를 접했을 때 떠오르는 이미지가 브랜드 컨셉에 맞도록 의도적으로 관리해야 하는 것입니다. 이것이 바로 브랜드 연상 관리입니다. 즉, 브랜드 컨셉은 기업이 고객에게 심어주고자 하는 컨셉이 되며, 브랜드 이미지는 브랜드를 고객이 접했을 때 가지게 되는 이미지가 됩니다. 그렇다면, 기업의 입장에서 최선의 상태는 어떤 것일까요? 당연히 브랜드 이미지와 브랜드 컨셉이 동일하게 형성되는 것일 겁니다.

브랜드 아이덴티티, 브랜드 컨셉커뮤니케이션**, 브랜드 이미지**

이를 가장 단순화한 것이 바로 앞의 내용입니다. 기업은 브랜드 아이텐티티를 가지고 있으며, 이를 고객에게 알리기 위해 브랜드 컨셉을 가지고 고객에게 외칩니다. 그리고 고객은 브랜드 이미지를 가지고 브랜드를 판단하게 되는데, 기업의 궁극적인 목표는 브랜드 컨셉이 브랜드 이미지와 동일하게 되도록 하는 데 있습니다. 그래서 기업의 입장에서는 의도된 브랜드에 대한 고정관념이 고객의 머릿속에 있을 수 있도록 하는 작업을 목표로 하는 것입니다. 조금 어렵지만 이해하시기를 바랍니다.

고객이 브랜드에 대해서 가지고 있는 이미지 중에서 의도적으로 기업이 원하는 이미지만 가지도록 관리하는 것이 바로 브랜드 관리이며, 고객에게 1차적으로 제시하여 기억되기 원하는 것이 바로 브랜드 컨셉입니다.

제3장
기관 브랜드의 신뢰성을 확보하라

3-1 후원보다 복지관에 대한 이야기를 먼저 듣게 하라

1. 기관에 대한 신뢰는 후원의 전제조건이다

의심부터 떠오르는 후원

제가 중학생 때 등교하다 보면 항상 일그러진 얼굴과 남루한 옷차림으로 구걸을 하면서 "배~가~ 고~파~요~"하던 아주머니를 지금도 기억하고 있습니다. 그 당시 몇 번 동전을 드렸던 기억도 있습니다. 그러던 어느 날, 친구로부터 황당하고 씁쓸한 이야기를 듣게 되었습니다. 구걸하던 그 아주머니가 백화점에서 깨끗한 옷으로 갈아입고 그랜저를 타고 유유히 사라졌다는 이야기였습니다. 그 말이 사실인지 확인할 수 없었지만, 그 후로 그 아주머니를 만나면 그 기억이 떠올라 다시는 동전을 드리지 않았던 기억이 생생합니다.

또 다른 이야기를 해보겠습니다. 여러분은 전철 안에서 대학생이라고 자신을 소개하면서 결식아동을 위해 모금운동을 하고 있다고 이야기하는 사람을 만나면 제일 먼저 무슨 생각이 떠오릅니까? 제 경우, 가장 먼저 떠오르는 생각은 "저 사람 진짜일까? 겉으로는 결식

아동돕기라고 하지만, 실제로는 자기가 다 꿀꺽하는 것은 아닐까?'
하는 의심입니다. 한편으로는 이렇게 의심하는 제 자신이 한심하게
느껴질 때도 있지만, 그럼에도 제가 제일 먼저 생각하는 것은 바로
의심입니다.

> 후원금을 모금하는 목적에는 공감하지만, 후원금을 모금하는 기관에 대한 신뢰가 전혀 없으면 후원하지 않는 경우가 대부분입니다.

이 점은 복지관 후원과 관련하여 중요한 점을 알려주고 있습니다. 즉, 사람들은 후원할 때 그 후원사업의 내용도 중요하게 생각하지만, 후원금을 모금하는 기관에 대한 신뢰도도 중요하게 생각한다는 점입니다. 후원금을 모금하는 목적에는 공감하지만, 후원금을 모금하는 기관에 대한 신뢰가 전혀 없으면 후원하지 않는 경우가 대부분입니다. 기관에 대한 신뢰가 오히려 후원의 전제조건으로 작용하고 있는 것으로 판단됩니다.

기관에 대한 신뢰가 후원의 전제조건이다

기관에 대한 신뢰도가 후원사업의 전제조건이라는 원칙은 후원사업에 성공하고 있는 복지브랜드를 잘 살펴보면 충분히 확인할 수 있습니다. '아름다운 재단'은 시민운동가 박원순 변호사라는 신뢰할 만한 인물을 내세우고, 또한 방송과 연합하여 신뢰성을 확보하였습니다. '한국복지재단'은 규모 자체가 거대하고, 아동결연을 대규모로 실시한다는 점에서 신뢰성을 확보하였습니다. ARS 방송후원 또한, 방송이라는 신뢰할 만한 배경을 가지고 있습니다. 다시 말하여, 기관의 신뢰는 기본적으로 확보하고 있는 상태에서 후원사업을 성공적으로 진행하고 있는 것입니다. 후원사업이 잘 이루어진다고 하는 복지기관 중에서 신뢰도가 전혀 없는 기관은 찾아보기 힘들 정도입니다.

기관 브랜드의 중요성

> 후원자에게 있어 기관 브랜드는 보증의 역할을 해야 하며, 이때서야 후원자는 브랜드를 믿고 자신의 소중한 돈을 후원금으로 제공할 수 있게 됩니다.

이러한 이유에서 기관 브랜드를 알리는 것은 후원사업을 전개함에 있어서 선행적으로 매우 중요하게 다루어져야 하는 영역입니다. 기관 브랜드가 고객으로부터 신뢰를 얻지 못하고, 긍정적 이미지를 확보하지 못하면 후원사업을 아무리 열심히 진행한다 하더라도 그 효과는 미미할 수밖에 없기 때문입니다. 따라서, 후원사업을 활성화시키기 위해서는 기관 브랜드가 먼저 신뢰를 얻어야 합니다. 그리고 나서, 후원상품을 가지고 고객을 찾아야 합니다. 후원자에게 있어 기관 브랜드는 보증의 역할을 하도록 해야 하며, 이때서야 후원자는 브랜드를 믿고 자신의 소중한 돈을 후원금으로 제공할 수 있게 됩니다.

만약, 기관 자체가 신뢰할 만하다고 느끼지 못하면 아무리 좋은 문구로 후원을 요청한다 해도 "과연 제대로 쓰일까?" 하는 의심 때문에 후원이 이루어질 수 없습니다. 특히, 어디에 쓰이는지 쉽게 알지 못하는 복지후원금의 특징을 감안한다면 기관 브랜드의 신뢰성이야말로 후원에 영향을 미치는 가장 큰 요소임에 틀림없습니다.

후원사업을 활성화하고 싶습니까? 그렇다면 먼저 기관 브랜드에 대한 신뢰도가 높아지도록 브랜드 전략을 사용해야 합니다.

2 브랜드 컨셉: 기관을 표현하는 한마디

브랜드 컨셉이 중요하다

브랜드 아이덴티티를 기관의 목적이라고 한다면, 브랜드 컨셉슬로건은 사람들에게 어떻게 이야기할까를 정한 것입니다. 그리고 고객의 입장에서는 브랜드 컨셉을 통해 자신이 원하는 것을 얻을 수 있는지 판단하는 근거가 됩니다. 따라서, 고객과 만나게 되는 커뮤니케이션에서는 브랜드 컨셉이 중요합니다. 브랜드 컨셉은 고객의 머릿속에 기억되어 저장됨으로써 고정관념이 되고, 고정관념은 이후 모든 정보를 처리하는 기준이 됩니다.

예를 들어, 삼성은 글로벌기업을 지향하고 있고, 이것이 삼성의 꿈입니다. 하지만 광고를 통해 듣는 이야기는 글로벌기업이 아닙니다. "대한민국 대표브랜드 삼성"입니다. 1990년대에는 "삼성이 만들면 다릅니다"였습니다. 이것이 바로 브랜드 컨셉입니다. 삼성의 꿈인 글로벌기업과 대치되지 않으며, 오히려 글로벌기업이기에 가능한

> 최초로 제공된 정보는 대단히 힘이 있습니다. 그 정보에 따라 이후의 정보들이 정리되기 때문입니다. 브랜드 컨셉이 중요한 이유가 바로 여기에 있습니다.

컨셉입니다. 글로벌기업을 지향하니 당연히 대한민국의 대표가 되고, 글로벌기업이니 보통 기업이 만든 것과는 당연히 다르게 되는 것입니다. 고객의 입장에서는 삼성의 브랜드 컨셉을 들으면 자신이 원하는 것을 얻을 수 있다고 생각합니다. 삼성은 대한민국 대표이고, 삼성이 만들면 다르다는데 굳이 위험을 무릅쓰고 국내 다른 제품을 살 필요가 없어지는 것입니다. 게다가 "대한민국 대표브랜드"와 "삼성이 만들면 다릅니다"라는 브랜드 컨셉이 사람들의 머릿속에 고정관념이 되면, 이후에 접하게 되는 삼성과 관련된 정보들은 고정관념에 따라 그 성격이 규정됩니다.

"래미안? 삼성 꺼네. 대한민국 대표, 삼성이 만들었으니 당연히 다르겠지"

"삼성카드? 삼성이 하는 거니까, 안전하겠지~"

"삼성병원? 언제 생긴 거야? 그래도 대한민국 대표인데 당연히 죽은 사람도 살리겠지"

과장되게 들리실지 모르지만, 제 주변에서 실제로 들은 이야기를 브랜드 컨셉과 약간 섞어서 말씀드린 것입니다.

이 정도면 브랜드 컨셉의 힘이 대단하다고 느껴집니다. 브랜드 컨셉은 이후에 들어오는 정보들의 나침반 역할을 하여 모두 긍정적으로 느껴지도록 합니다. 최초로 제공된 정보는 대단히 힘이 있습니다. 그 정보에 따라 이후의 정보들이 정리되기 때문입니다. 브랜드 컨셉이 중요한 이유가 바로 여기에 있습니다.

너무 포괄적으로 만들면 차별성이 없다

복지관의 입장에서도 마찬가지입니다. 복지관이 어떤 일을 하고, 어떤 곳이라고 아무리 설명한다 하더라도 기억나지 않는 것이 보통입니다. 너무 많은 이야기를 하려고 장황하게 설명하다 보면 결국 상대방은 기억나는 것이 몇 개 없습니다. 어차피 기억되지 않을 것이라면, 복지관의 비전을 가장 잘 표현한 컨셉을 하나만 제시하는 것이 훨씬 효과적입니다.

그렇다면 한 번 해보십시오. 당신의 기관을 한마디로 정의하면 무엇이 되겠습니까? '사랑, 이웃, 더불어사는 삶' 등등……. 상당히 포괄적인 단어들로 채워질 가능성이 높습니다. 물론, 복지관에서 하는 일이 너무 많고 다양하기 때문에 이를 다 수용하는 한 단어를 찾는다는 것이 쉽지 않습니다. 그렇다 하더라도 너무 포괄적인 단어를 사용하면 이 자체로 차별성이 없어집니다. 어떤 복지관이 사랑을 이야기하지 않고, 어떤 복지관이 이웃을 이야기하지 않습니까? 모두 다 사랑을 이야기하고, 이웃을 이야기합니다. 너무 많은 곳에서 이미 이 단어를 사용하고 있기 때문에 복지관을 잘 설명하는 단어라 해도 결코 기억되지 않습니다.

그러므로 복지관의 슬로건을 정할 때에는 남들도 다 이야기하는 것을 말해서는 안 됩니다. 너무 포괄적인 것으로 자신을 표현하려 하지 말아야 합니다. 포괄적인 것은 이미 남들이 가지고 있다고 생각해야 합니다. 복지관을 다 설명할 수 있는 단어가 물론 존재합니다. 하지만, 이미 우리 것으로 만들기에는 늦었다고 생각해야 합니다. 이미 너무 많은 곳에서 선점해서 더 이상 차별화할 수 없는 단어들을 기억나는 대로 적어보겠습니다. 만약 동의가 된다면 이 단어들은 복지관 슬로건 작업에서 빼야 합니다.

> "좋은, 이웃, 사랑, 도움, 손길, 따뜻, 기쁨, 공동체, 날개, 희망, 봉사, 나눔" …

제대로 만들었다면 남들은 입을 수 없다: 스왑SWAP테스트

그렇다면 브랜드 컨셉을 과연 제대로 잡았는지 확인할 수 있는 방법은 무엇일까요? 양복점에서 내 몸에 꼭 맞게 맞춤 양복을 만들면 다른 사람이 입었을 때에는 불편함을 느끼듯, 브랜드 컨셉도 마찬가지여야 합니다. 브랜드 컨셉이 한 단어로 요약되면서 그 단어가 그 기관을 잘 표현해 주는 것이라면 다른 복지관에 그 브랜드 컨셉을 제공했을 때는 어울리지 않아야 합니다. 최소한 어울린다 하더라도 가장 잘 어울린다고 판단되는 것은 우리 복지관이어야 하는 것입니다.

예를 들면, ○○복지관에서 브랜드 컨셉으로 '좋은 이웃'을 정했다고 가정해보겠습니다. 그러면 그 주변의 △△복지관에도 '좋은 이웃'이라는 브랜드 컨셉을 적용해 보는 것입니다. 그 복지관에도 '좋은 이웃'이라는 컨셉이 잘 어울린다고 생각되면 그것은 브랜드 컨셉으로 타당하지 않은 것입니다. 너무 흔하거나, 아니면 다른 곳도 그 특성을 가지고 있다고 판단되기 때문에 결국 우리만의 단어가 될 수 없기 때문입니다.

이와 반대로, ○○복지관에서 브랜드 컨셉을 '자수성가를 중시하는'이라고 정했다고 해보겠습니다. '자수성가를 중시하는'이라는 브랜드 컨셉은 보통의 복지관에는 쉽게 맞지 않는 컨셉입니다. 보통의 복지관은 무조건적인 사랑을 강조하고 차별 없이 지원을 하는데 오히려 OO복지관은 이러한 가치보다 자수성가를 중시한다는 점에서 차별성이 확보됩니다. 그리고 OO복지관은 자수성가라는 단어의 주인이 되는 것입니다.

포괄적이지 않게 기관을 표현할 수 있는 브랜드 컨셉을 정하십시오. 그리고 스왑SWAP 테스트를 해보십시오. 만약 다른 복지관에 어울리지 않는다면 차별성은 확보된 것입니다.

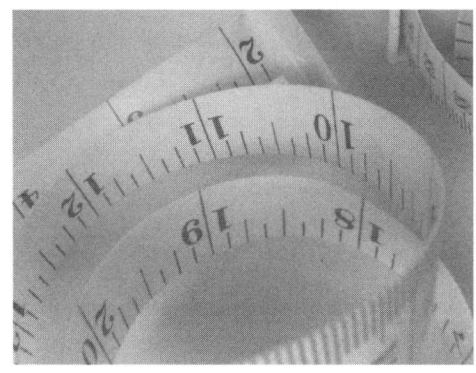

3 깊이 있는 페이지: 낯설음과 공감대

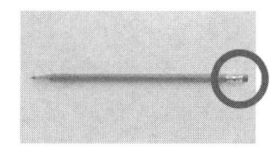

지우개와 연필이 같이 붙어
기존 연필과는 달랐지만,
공감대를 형성했던
지우개 달린 연필

> 내가 의도하는 대로 사람들이 고정관념을 가질 수 있도록 개입하는 작업, 이것이 브랜드를 만들어가는 과정이며, 고정관념을 계속 유지하고 관리하는 것을 브랜드 관리로 보면 이해될 것입니다.

고정관념은 어떻게 만들 수 있을까요? 문제는 고정관념을 의도적으로 만들어내는 것이 필요하다는 점입니다. 내가 의도하는 대로 사람들이 고정관념을 가질 수 있도록 개입하는 작업, 이것이 브랜드를 만들어가는 과정이며, 고정관념을 계속 유지하고 관리하는 것을 브랜드 관리로 보면 이해될 것입니다.

이제 고정관념을 어떻게 의도적으로 만들 수 있는지 알아보겠습니다. 고정관념을 만든다는 것은 사람들의 정보처리체계에 새로운 체계를 넣는다는 이야기입니다. 사람들의 머릿속에 수많은 방을 만들고 그 방안에 한 단어를 넣는 것입니다.

"맛 = 전라도"
"말﹅ = 제주도"
"감자 = 강원도" 처럼 말입니다.

사람들은 기존의 정보체계와 비슷한 내용을 들으면 별반 다르지 않다고 느낍니다. 별반 다르지 않은 정보를 가지고 굳이 노력해서 새로운 방을 만들고 그 정보를 보존할 필요를 느끼지 못합니다. 그냥 기존 것으로 대체시켜 버리는 것이지요. 왜일까요? 피곤하기 때문이지요 —『브랜드 인사이트』의 저자 신병철 선생님은 '인지적 효율성' 때문이라고 표현하였습니다 —.

이런 이유에서 마케팅은 사람들의 머릿속에 기억되기 위해 항상 다름을 추구합니다. 달라야 한다는 것입니다. 달라야 기억되고, 달라야 한 번 더 쳐다본다는 것입니다. 아예 우리는 다르다고 대놓고 이야기하는 곳도 있습니다.

"It's Different – SKY"
"삼성이 만들면 다릅니다 – 삼성"

하지만, 다르다는 말은 TV 홈쇼핑, 케이블TV에 나오는 많은 광고에서도 이미 범람하고 있습니다. 너무 많은 광고들이 이미 "우리

> 다른 것은 강한 법입니다. 사람은 다르게 느껴질 때 비로소 생각을 시작합니다.

는 다르다", "우리는 다르다"라고 주장하고 있습니다. 모두 다 다르다고 이야기하다보니, 모두 다 같아 보이고 아무도 주의를 기울이지 않고 있습니다.

그렇다면 "다르다"에 무엇이 있어야 성공하는 것일까요? 『쉽고 강한 브랜드 전략 - 브랜드 인사이트』의 저자 신병철 선생님은 "공감대"라고 이야기합니다.

낯섦음과 공감대를 주어야 한다

≪소비자에게 주어야 할 것은 낯섦음과 공감대입니다. 이 두 가지가 함께 있을 때 소비자들은 비로소 정보처리(기억체계, 고정관념)를 시작합니다.

'낯설다' 는 것은 다르다는 것을 의미합니다. 다르면 한번이라도 더 보게 되고 더 생각하게 됩니다. 다르면 놀라움이 증가하게 되고, 정보처리의 양이 증가하게 되며, 결과적으로 선호도가 증가하게 됩니다. 다른 것은 강한 법입니다. 사람은 다르게 느껴질 때 비로소 생각을 시작합니다.

사람은 최소의 노력을 통해 최대의 효과를 얻으려 합니다. 이것이 사람의 인지자원 사용에 관한 대전제입니다. 다르지 않으면 최소한의 노력도 들이지 않습니다. 다르지 않으면 생각할 필요가 없고, 기존의 정보를 그대로 유지하게 됩니다. 이러한 경향은 소비자 행동을 설명해 주는 가장 간결하고 강력한 법칙입니다. 들이는 것은 조금만 들이고, 얻어내는 것은 많이 얻어내려 하는 것입니다.

그러나 다르다고 다 강한 것은 아닙니다. 소비자들에게 낯섦음만 주어서는 곤란합니다. 낯설기만 해서는 안 되며 반드시 공감대가 함께 있어야 합니다. 공감의 요소가 없으면 아무리 달라도 기억되지 않습니다. 다시 말해 공감대가 확보되지 않으면 아무런 소용이 없는 법입니다.

예를 들어보겠습니다. 2002년 7월, 아주 특별한 제품이 시장에 나왔습니다. 이름하여 즉석 보신탕입니다. 전국개고기연합회에서 시장확산을 위해 색다른 아이디어를 낸 것입니다. 즉석 용기면처럼 물만 넣으면 되므로 기존의 충성고객의 구매빈도를 높일 수 있을 것이고, 이들을 통해 구전 효과를 얻을 수 있을 것으로 예측하였던 것입니다. 무엇보다 많은 소비자들에게 접촉빈도를 높임으로써 수요 기반을 확산시킬 수 있다는 점이 매력이었습니다. 매우 색다른 아이디어였습니다. 결과는 어떠했을까요? 제대로 출시도 못해보고 끝나버렸습니다. 저는 이 제품의 아이디어를 여러 사람에게 질문하여 보았습니다. 답변은 한결같았습니다. "사발면처럼 먹기는 좀 그렇잖아." 역시 공감대의 실패였습니다. 아주 색다른 아이디어였지만, 소비자의 공감대를 얻는 데 실패하였던 것입니다. 공감대가 없으면 만사 허탕입니다.

차별화 한다는 것은 낯설음을 제공한다는 것입니다. 이 낯설음이 소비자의 마음에 침투하기 위해서는 먼저 공감대를 획득하여야 합니다. 이를 간단히 정리하면, 낯설지만 공감가는 요소가 있어야 한다는 것입니다. 이것이 소비자의 주의와 이해, 설득을 이끌어 낼 수 있는 핵심 키워드입니다. 이것을 가리켜 낯설음과 공감대의 효과라고 합니다.>>--『쉽고 강한 브랜드 전략 – 브랜드 인사이트』(신병철, 2004) 중에서.

> 낯설지만 공감가는 요소가 있어야 한다는 것입니다. 이것이 소비자의 주의와 이해, 설득을 이끌어 낼 수 있는 핵심 키워드입니다. 이것을 가리켜 낯설음과 공감대의 효과라고 합니다.

4 브랜드 컨셉을 알려라: TV 빼고 나머지 무기로 한 단어만 알려라

부족하면 기존의 것까지 활용해서 총공격하라

　복지관 브랜드를 알리는 것은 예산 때문에 복지관에서는 꿈도 꾸지 못한다고 생각하기 쉽습니다. 브랜드라고 하면 거창하게 여겨지고 마치 몇 억을 써서 TV 광고를 해야 한다고 생각하기 때문입니다. 게다가, 고객의 고정관념이 되기 위해서는 브랜드가 고객에게 되도록 자주 노출되어야 합니다. 너무 적게 고객의 눈에 노출되어 기억도 안 될 바에야 그 돈으로 사업이나 하자고 생각하게 됩니다. 브랜드 전략을 사용하는 데 있어 매체의 활용과 노출빈도의 문제로 인해 복지관은 무기가 부족하다고 생각하여 시작도 하기 전에 먼저 포기하고 있습니다.

　하지만 일정 지역을 기반으로 활동하는 복지관에 TV라는 매체는 오히려 효율성이 떨어집니다. 투입되는 비용에 비해 산출되는 효과가 떨어지기 때문입니다. 그리고 브랜드를 알리는 매체는 TV, 라디오광고를 빼고도 인쇄매체, 프로모션이벤트, 구전 등 복지관이 활용할 수 있는 방법은 여전히 많으며, 이들 매체는 아직까지도 효율적으로 활용되어 브랜드 전략에 훌륭하게 사용되고 있습니다.

그럼, 복지관은 비용이 비싼 공중파TV, 라디오를 제외한 커뮤니케이션 무기로 무엇을 가지고 있는지 곰곰이 생각해 보겠습니다. 보통 각 사업별로 기본적인 홍보비가 책정되어 있으며, 대표적으로 현수막, 전단, 리플렛 등을 제작하고 있습니다. 분기별로 제작·배포하는 소식지가 있고, 기관을 소개하는 리플렛이 있습니다. 인터넷을 통해 자신을 알리는 홈페이지가 있고 전화도 있습니다. 또한, 각 특정일에는 대규모 행사를 치르기도 하고, 자원봉사자 모임행사를 치르는 경우도 많습니다. 게다가, 지역 언론에 보도자료를 보내는 일은 이미 수행하고 있습니다. 무기가 없다고 생각했지만, 차분히 생각해보면 이미 많은 홍보작업을 하고 있었던 것입니다. 다만, 이를 통합적으로 관리·조정하지 못해 힘이 분산되었고, 이 때문에 효과 또한 떨어졌던 것일 뿐입니다.

복지관은 절대적으로 예산이 부족하지만, 힘없이 각개 전투를 하는 기존 무기들을 모아 브랜드 컨셉에 따라 새롭게 배치하여 활용할 수 있어야 합니다. 이렇게 할 수 있다면, 복지관의 브랜드 전략 실천이 불가능하지 않습니다. 오히려 해볼만한 싸움이 됩니다. 특히 지역사회를 대상으로 하는 경우에는 더욱 그렇습니다.

행주산성에서 왜군이 쳐들어 올 때 성 안에 있던 무기로만 전쟁을 수행했다면 그때도 승리할 수 있었을까요? 무기만으로 전쟁을 했다면 패전했을지 모릅니다. 오히려 평소에는 무기가 아니라고 생각했던 것들을 모아 승리라는 목표에 따라 무기로 활용했기 때문에

> 복지관 내에는 분산되어 있어서 보이지 않지만, 무기로 활용될 수 있는 것들이 적지 않게 있습니다.

승리할 수 있었습니다. 행주에 돌을 담아 옮겨서 던졌고, 뜨거운 물을 팔팔 끓여 성을 기어오르는 왜군에게 부었으며, 집안에 있는 식칼, 곡괭이, 낫 등 무기가 될만한 것들은 모두 동원해서 무기로 활용했습니다. 그리고 마침내 승리를 쟁취했습니다.

마찬가지입니다. 복지관 내에는 분산되어 있어서 보이지 않지만, 무기로 활용될 수 있는 것들이 적지 않게 있습니다. 이것들만 무기로 활용할 수 있어도 브랜드 연상을 관리할 수 있는 무기들이 되기 때문에 복지관에서도 한 번 시도해 볼 수 있는 용기가 생길 수 있습니다. 주변을 돌아보십시오. 의외로 무기가 될 만한 것들이 많이 있을 것입니다.

브랜드 컨셉! 이놈만 패라, 때린 곳만 골라서 때려라

아무리 곡괭이, 식칼, 낫을 무기로 사용한다 하더라도 무기가 절대적으로 부족한 것은 사실입니다. 부족한 무기로 상대방과 싸움을 해야 한다면, 선택할 수 있는 전략은 상대방의 한가지 약점을 물고 끈질기게 늘어지는 수밖에 없습니다. 그래야 상대방이 아파합니다. 하지만 무기는 부족한데 욕심은 많아서 팔도 공격하고, 머리도 공격하고, 발도 공격하는 등 여러 군데를 공격하면 화력이 떨어져 결국 패전하게 됩니다.

너무나 당연한 이야기이지만, 많은 경우 복지관은 부족한 무기를 가지고 너무 많은 부분을 공격하고 싶어하는 모습이 자주 눈에 띕니다. 전단지 한 장에 뭘 그렇게 많은 이야기를 하고 싶어하는지 모릅니다. 흔히 복지관에서 의뢰하여 만든 리플렛과 전단지를 보면 글이 대단히 길고, 강조하는 부분도 여기저기 많은 것을 볼 수 있습니다. 그래서 인쇄물을 보면 참 글이 많구나 하는 생각이 먼저 듭니다. 이렇게 되면 강조점이 없어지기 때문에 아무런 포인트가 없는 광고가 되기 일쑤입니다. 게다가, 글도 많고 여백도 없어서 읽기도 전에 머리가 지끈지끈 아픕니다. 작은 종이에 되도록 많은 정보를 제공하고는 싶겠지만, 브랜드 컨셉에만 집중해서 브랜드 컨셉만을 고객에게 전달할 수 있도록 만들어야 합니다.

> 우리가 적은 무기를 가지고 있을 때 많은 부분을 공격하면 또다시 각개격파가 되고 맙니다. 적은 무기지만 한 군데만 집중해서 찔러야 합니다.

이것은 평소 일하는 스타일의 문제라는 생각도 듭니다. 즉, 사회복지사가 작성하는 대부분의 문서들은 길게 설명하는 경우가 많습니다. 이론적 배경과 필요성 등등. 줄여서 쓰기보다는 길게 늘여서 설명식으로 쓰는 것이 보통의 업무입니다. 하지만 브랜드 전략, 특히 고객과의 커뮤니케이션에서만큼은 집중할 줄 알아야 합니다.

우리가 적은 무기를 가지고 있을 때 많은 부분을 공격하면 또다시 각개격파가 되고 맙니다. 적은 무기지만 한 군데만 집중해서 찔러야 합니다.

하나만 이야기해라

우리는 가끔 너무 길게 이야기하는 사람을 만나게 됩니다. 혼자서 너무 많은 이야기를 하게 되면 어떻게 되나요? 듣는 사람들은 점차 집중력을 잃게 되고 이로 말미암아 점점 몸을 꼬고 다른 생각을 하게 되며 옆 사람과 잡담하거나 딴 짓을 하게 됩니다. 집중력은 5분을 넘지 못하므로 사람들에게 이야기할 때에는 5분을 넘지 않게 이야기해야 한다고 합니다. 즉, 5분 안에 내가 이야기하고자 하는 바를 정확히 집중해서 요약적으로 이야기해야 하는 것입니다.

이렇듯 커뮤니케이션은 길게 이야기한다고 이루어지는 것이 아닙니다. 5분이라는 짧은 시간 동안 이것저것 떠벌인다고 고객이 다 기억하는 것도 아닙니다. 특히, 최근 광고는 15초로 줄어들었으며, 15초 안에 자신이 하고 싶은 이야기를 다 해야 하는 상황에 놓여 있습니다. 그렇다면 커뮤니케이션에서 중요한 점은 무엇일까요? 바로 집중입니다. 다 버리고 집중하여 한 가지만을 심어야 합니다. 그리고, 그 한 가지는 바로 브랜드 컨셉을 알리는 작업이 되어야 합니다.

'하이트'는 "천연암반수 깨끗한 물"이라는 훌륭한 브랜드 컨셉을 가지고 있습니다. 하지만, 이를 고객에게 제대로 알리지 못했다면 아무리 좋은 컨셉이 있었다 하더라도 고객의 기억에 살아남지 못했을 것입니다. '하이트'는 복잡하게 이것저것을 이야기하지 않았습니다. 오직 "깨끗한 하이트"라는 것만 알려주었습니다. '하이트' 런칭 1차 캠페인에서 "지하 150m의 100% 암반천연수로 만든 순수한 맥주 - 하이트"를 슬로건으로, 2차 캠페인에서 "왜 물은 가려 마시면서 맥주는 가려 마시지 않습니까 - 깨끗한 하이트"를 슬로건으로 하여 1993년 이후로 지금까지 깨끗함을 강조하였습니다. 2005년인 지금도 이러한 흐름은 계속되고 있습니다.

"요즘 깨끗한 건 멀고 깊은 곳에 있다"
"가까운 곳엔 하이트가 있다"
"물이 만든 작품 하나"
"깨끗한 하이트"

'하이트'는 지금까지 약 10년 간 깨끗함을 무기로 하여 고객의 마음 속에 파고들었습니다. 그 한 단어에 집중하여 화면도, 멘트도

구성한 것입니다. 집중의 힘은 이토록 대단한 것입니다. 작은 물방울이 바위를 뚫는 것은 시간만 흘러서가 아닙니다. 떨어진 곳에 또 떨어지는 집중이 있었기 때문입니다. 얼마 되지 않은 무기로 한 단어만 공격해야 합니다. 집중! 복지관 브랜드 전략에서 꼭 필요한 부분입니다. 꼭 기억하십시오. "나는 한 놈만 팬다", "때린 데 또 때린다"

5 브랜드 컨셉을 알리는 복지관 무기 활용법

복지관 자원은 항상 부족하기 때문에 꼭 필요한 것과 그렇지 않은 것을 구분해 내어 집중적으로 투자해야 합니다. 하지만, 무슨 기준으로 이를 구분할 수 있을지 알아야 합니다.

인쇄물

복지관에서 흔히 사용하는 인쇄물들을 먼저 살펴보겠습니다.

· 기관용 인쇄물
- 편지봉투: 규격봉투, 전산봉투
- 소식지: 분기별 1회 발간, 약 2,000부
- 사업 안내 리플렛
- 사업보고서
- 명함

- 각종 사무양식: 프로그레스 노트, 관리점검일지 등
- 현수막

· 개별사업용
- 포스터
- 팜플렛
- 전단지
- 초대권
- 현수막

　이 외에도 자체적으로 제작하여 만드는 경우까지 포함하면 생각보다 많은 인쇄물을 제작하고 있음을 알 수 있을 것입니다. 문제는 이렇게 분산되어있는 홍보물을 브랜드 컨셉에 따라 얼마나 효율적으로 배치할 수 있느냐입니다. 즉, 홍보물은 구체적으로 어떠한 목적을 달성하기 위해 만들어져야 하는지, 브랜드 컨셉에 따라 하나하나 목적을 가져야 한다는 것입니다. 하지만, 이를 무시하게 되면 결국 효과 하나 보지 못하고 돈만 버리는 꼴이 되고 말 것입니다.

소식지를 새롭게 바꾸어라

　소식지의 예를 들어보겠습니다. 기관의 소식지는 왜 만들고 있습니까? 어떠한 목적에서 소식지 작업을 하고 있습니까? 단지 "복지관을 알리기 위해서"입니까? 만약 이 외에 답할 수 있는 아무런 목적이 없다면 소식지에 대해서 깊게 고민해 보아야 합니다.
　제가 알고 있기로는 소식지를 제작하는 데 잘 만드는 곳은 최

> 소식지가 구체적으로 어떤 상황에서 활용되고, 어떤 목적을 위해 제작되어야 하는지 다시 생각해 보아야 합니다. 그리고 브랜드 컨셉을 알리는 데 있어 소식지가 어떻게 기여할 수 있는지 생각해 보아야 합니다.

소 100만 원 이상에서 출발하여 200만 원 혹은 300만 원까지 제작비가 사용되는 것으로 알고 있습니다. 이렇게 각 분기별로 사용한다는 것은 400만 원에서 많게는 1,000만 원이 넘는 비용을 사용하고 있다는 이야기가 됩니다. 어떻게 생각하면 적은 돈이지만, 예산 부족에 허덕이는 복지관 입장에서 이는 결코 만만한 돈이 아닙니다. 이 비용이면 1년 동안 대표사업을 1개 또는 2개 할 수 있습니다.

게다가, 소식지를 하나 만드는 데 투입되는 인적 에너지 또한 만만치 않습니다. 전담 직원은 소식지 때문에 1년 중 몇 달은 다른 일을 하지 못합니다. 또한 이번 소식지는 무슨 내용을 담을까 고민에 고민을 합니다. 소식지를 만드는 뚜렷한 목적이 별로 없기 때문에 그때그때 유행하는 내용을 찾게 되고, 내용이 부실해도 예쁘게 나오면 모든 것이 용서(?)되기 때문에 1차 목적은 소식지를 예쁘게 만드는 데 있게 됩니다. 이러한 과정을 모두 돈으로 환산해 인적 비용까지 따지게 되면 실로 매우 비싼 소식지를 발행하고 있는 것입니다. 그런데 목적 없이 그냥 예쁘게만 만드는 것입니다.

따라서, 소식지가 구체적으로 어떤 상황에서 활용되고, 어떤 목적을 위해 제작되어야 하는지 다시 생각해 보아야 합니다. 그리고 브랜드 컨셉을 알리는 데 있어 소식지가 어떻게 기여할 수 있는지 생각해 보아야 합니다. 이런 고민의 과정을 통해 소식지의 필요성을 정확하게 인식할 때 소식지에 비용이 투자되는 것이 아깝지 않게 됩니다.

소식지가 달성해야 하는 목적이 구체화되면 소식지를 제작하는 개념과 컨셉에 대한 기준이 정해진 것이며, 기준이 정해지면 소식지를 제작하고 콘텐츠를 만들어내는 데 빠른 의사결정을 하게 된다는 점을 의미합니다. 이때 업무의 효율성 또한 높아집니다. "예쁘게 만든다"가 기준일 때에는 도대체 무엇을 콘텐츠로 해야 하는지 알 수가 없고 담당자 마음대로 결정합니다. 그러나 만약 소식지가 복지관의 브랜드 컨셉에 따라, 예를 들어 '혁신'이라는 내용을 담아야 한다고 확정되면, 이제부터는 콘텐츠를 선정할 때에도 이 콘텐츠가 혁신적인 내용을 담았는지 아닌지만 따지면 되고, 종이의 질을 선택할 때나 색상을 선택할 때에도, 또한 디자인을 선택할 때에도 혁신을 얼마나 담고 잘 표현했는가만 보면 됩니다.

다시 말씀드립니다. 목적 없는 소식지는 그냥 목적 없이 읽혀지기 마련이며 어떠한 행동도 이끌어낼 수 없을 것입니다. 그리고 소식지 하나만으로는 어떠한 것도 해내기 힘듭니다. 브랜드 컨셉에 따라 다른 매체들도 모두 유기적으로 운영되어야 합니다.

과정기록지 Progress Note 도 새롭게?

어떤 복지관이든 대상자에 대한 상담 및 사례관리 시에는 과정기록지를 사용할 것입니다. 그리고 이것은 상담 및 사례관리의 특성상 외부로 노출되지 않으며, 대상자에게 특별한 경우를 제외하고는 보여주지 않는 것이 기본입니다. 그럼, 과정기록지는 브랜드 컨셉과 관련하여 어떠한 위치를 차지해야 하는 것일까요? 당연히 직원만 볼 수 있는 것이기 때문에 굳이 의미를 부여하면 직원이 브랜드를 다시 한 번 생각해 볼 수 있게 하는 정도 외에는 별다른 기능이 없습니다. 어차피 고객에게 보이지 않는 것이 원칙인 과정기록지는 브랜드 전략에서 별다른 기능이 있을 수 없기 때문입니다.

여러분이 기관장이라면 과정기록지를 브랜드 컨셉에 따라 멋지게 디자인하는 것과 고객과 만날 때 사용해야 하는 명함 중 어떤 것이 더 중요하다고 생각하시겠습니까? 물어보나마나입니다. 당연히 명함이 중요합니다. 또 한 번 질문하겠습니다. 기관장이 과정기록지를 브랜드에 맞게 디자인하는 것, 그리고 기관장이 직원과 함께 식사하면서 기관이 추구하는 바를 이야기하는 것, 이 둘 중 어떤 것이 직원 입장에서 브랜드 전략을 이해하는 데 도움이 되리라 생각하십니까? 말하지 않아도 알 것입니다.

개별사업 홍보물은 컨셉과의 일치성 유무에 따라 판단하라

그렇다면 개별사업 홍보물, 즉 포스터, 팜플렛, 전단지, 초대권, 현수막은 어떻게 해야 할까요? 이에 대한 판단은 개별사업이 과연 브랜드 컨셉과 얼마나 일치하는 사업이냐에 따라 판단해야 합니다.

다시, OO복지관의 예를 들면 브랜드 컨셉은 "자수성가를 중시한다"라고 정해 놓고, 개별사업 홍보물을 브랜드 컨셉을 알리는 데 사용한다고 하면서 무료급식, 밑반찬서비스, 이동목욕서비스와 같은 개별사업 홍보물에 브랜드 컨셉을 넣으면 어떤 상황이 발생할까요? 자수성가를 중요시한다고 해놓고 그 내용은 소위 제공 중심 사업임을 알게 되면 무엇인가 맞지 않는다는 생각을 하게 됩니다. 자칫 잘못하면 브랜드 컨셉은 그냥 홍보문구일 뿐이라고 생각해 버릴 수 있습니다.

저는 제공 중심 사업을 하지 말아야 한다는 것이 아니라, 제공 중심 사업이 브랜드 컨셉을 오히려 약화시킬 것 같으면 브랜드 컨셉을 알리는 무기로 사용하지 말아야 함을 이야기하는 것입니다. 즉, 개별사업에 할당되어 있는 홍보물을 브랜드 컨셉을 알리는 데 사용할 것인가 아닌가는 결국 개별사업이 브랜드 컨셉을 얼마나 잘 반영한 사업인가에 따라 달라져야 합니다.

브랜드 전략은 디자인이 아니다

　브랜드 전략이라고 하면 흔히 디자인이라고 생각하는 경우가 있습니다. 그것은 전체를 보지 못하고 일부만 보고 하는 이야기입니다. 브랜드 전략은 목적을 명확히 하고, 그것에 따라 자원을 효율적으로 배치하여 목적을 달성하고자 하는 데 있지, 멋있어 보이기 위해 하는 것이 아닙니다.

> 브랜드 전략은 목적을 명확히 하고, 그것에 따라 자원을 효율적으로 배치하여 목적을 달성하고자 하는 데 있지, 멋있어 보이기 위해 하는 것이 아닙니다.

　직원과 깊은 논의를 통해 달성할 수 있음에도 불구하고 쓸데없이 내부에서만 사용되는 서류까지 CI(Corporate Identity: 기업이미지)를 넣고 디자인하는 것은 자원이 없어 고민하는 복지관이 사용할 전략이 아닙니다. 돈이 남아돌면 모르겠지만 돈도 없으면서 이렇게 하는 것은 소모적일 뿐입니다. 단지, 디자인회사 먹여 살려주는 것 외에 어떠한 것도 아닙니다. 그렇다면 무엇으로 투자해야 할 것과 투자하지 말아야 할 것을 구분할 수 있을까요? 바로 이 홍보물이 고객과 만나느냐, 만나지 않느냐로 구분해야 합니다. 그리고 브랜드 컨셉을 알리는 데 적절한 무기냐 아니냐로 구분해야 합니다.

　여러분은 백화점에서 직원통로를 이용해 보신 적이 있으십니까? 백화점은 바닥까지 번쩍번쩍하지만, 일단 직원통로를 들어가면 상황이 달라집니다. 그냥 빌딩 복도같은 곳이 나옵니다. 물론 깔끔하고, 이용하는 데 전혀 불편하지 않게 되어 있지만, 백화점 내부와 비교하면 덜 번쩍거리고, 오히려 낡아보이기까지 합니다. 무슨 이야기입니까? 고객과 만나게 되는 지점은 브랜드의 생명력을 좌우하기 때문에 집중해서 투자하고, 그렇지 않은 지점은 기본적인 기능만을 할 수 있게 배치하는 것입니다 — 직원 복지를 등한시해야 한다는 이야기가 아닙니다 —. 그리고 브랜드 컨셉을 알리는 데 적절하지 못하다고 생각되면 차라리 숨겨버리는 것이 브랜드 컨셉을 알리는 데 도움이 될 수 있습니다. 어차피 자원은 대기업도, 중소기업도, 복지관도 부족합니다. 풍족하게 브랜드 전략 비용을 사용하는 곳은 거의 없다고 보아야 합니다. 항상 자원은 부족합니다.

그렇다면 정리해 보겠습니다. 브랜드 컨셉을 알리기 위해 인쇄물 중에 무엇을 무기로 사용할 수 있을까요?

- 기관용 인쇄물 중에서는
  - 편지봉투: 규격봉투, 전산봉투 ○
  - 소식지: 분기별 1회 발간, 약 2,000부 ○
  - 사업 안내 리플렛 ○
  - 사업보고서: 만약 내부 보관적 성격이 강하면 ×
  - 명함 ○
  - 각종 사무양식: 프로그레스 노트, 관리점검일지 등 ×
  - 현수막 ○

- 개별사업용: 브랜드 컨셉과의 일치성 유무에 따라 다름
  - 포스터
  - 팜플렛
  - 전단지
  - 초대권
  - 현수막

따라서, 기존에 아무 의심 없이 사용되던 홍보물들을 다시 생

각해 보아야 합니다. 그리고 브랜드 전략에 따라 1차 투자되어야 할 곳과 투자되지 않아도 될 곳을 구분해 내고 브랜드 컨셉을 알림으로써 기관 브랜드가 신뢰를 얻을 수 있도록 해야 합니다.

Social Work
Brand Strategy

제3장
기관 브랜드의 신뢰성을 확보하라

3-2 브랜드 컨셉이 사실임을 증명하여 기관 브랜드의 신뢰성을 획득하라

1 대표 프로그램을 선정하라

기준은 브랜드 컨셉

　복지에서 제품은 프로그램과 후원자 관리시스템입니다. 이 중에서 먼저 대표 프로그램에 대하여 살펴보겠습니다.

　대부분의 복지관에는 수많은 프로그램이 있습니다. 복지관을 보면 몇 명 안 되는 직원으로 어떻게 그 많은 사업을 하는지 도무지 알 수가 없습니다. 물론 제 자신도 복지관에서 근무했었지만, 지금은 한 발짝 떨어져 보면서 "그 많은 일이 과연 가능할까" 하는 생각이 듭니다. 가정기능강화, 지역사회조직, 지역사회보호, 전문상담, 특화사업 등등, 너무 많은 프로그램으로 직원조차 자신의 업무가 아니면 잘 모르는 경우까지 발생하곤 합니다. 너무 많은 프로그램이 있어 어떤 것을 복지관의 대표 사업으로 고객에게 제공할 것인지 정하는 것도 쉬운 일이 아닙니다. 게다가, 대표 사업이 무엇으로 선정되는가에 따라 브랜드 이미지에도 큰 영향을 미친다는 점을 생각하면 더욱더 쉬운 일이 아닙니다.

그렇다면 이 많은 프로그램 중 어떤 프로그램이 제품화되어야 하는 것일까요? 브랜드 전략에서 프로그램 선택의 기준은 바로 브랜드 컨셉이 되어야 합니다. 브랜드 아이덴티티는 기관의 방향성입니다. 기관이 추구하는 꿈과 같은 것입니다. 그리고 이 브랜드 아이덴티티를 고객의 입장으로 설정한 것이 브랜드 컨셉입니다. 따라서, 브랜드 컨셉은 대표 프로그램을 선정하는 데에도 기준이 되어야 합니다. 즉, 브랜드 아이덴티티를 가장 잘 구현하면서, 고객에게 브랜드 컨셉을 잘 이해시킬 수 있는 프로그램이 대표 프로그램으로 선정되어야 하는 것입니다.

저는 얼마 전 길을 가다 서울의 한 복지관에 '노인대상 특화복지관' 이라 써있는 것을 본 적이 있습니다. 그 복지관은 노인대상 특화복지관이라는 컨셉을 선정한 것입니다. 그렇다면, 이 복지관은 어떤 프로그램을 대표사업으로 선정할까요? 여러분이 관장님이라면 어떤 프로그램을 선정하시겠습니까? 당연히 노인을 대상으로 하면서, 타 복지관에 비하여 그 효과가 높은 경쟁력 있는 노인대상 프로그램을 선정할 것입니다. 브랜드 컨셉에 따라서 말입니다.

브랜드 아이덴티티를 설정하였고 브랜드 컨셉이 선정되었다면 프로그램 선정의 기준도 브랜드 컨셉이 되어야 합니다. 기억하십시오. 대표 프로그램 선정의 기준은 브랜드 컨셉입니다.

> 브랜드 아이덴티티는 기관의 방향성입니다. 기관이 추구하는 꿈과 같은 것입니다. 그리고, 이 브랜드 아이덴티티를 고객의 입장으로 설정한 것이 브랜드 컨셉입니다.

차별적이며 선도적인 대표 프로그램

대표 프로그램은 차별적이며 선도적인, 즉 타 기관의 프로그램에 비하여 경쟁력이 있어야 합니다. 만약, 프로그램이 차별적이지 못

> 대표 프로그램은 차별적이며 선도적인, 즉 타 기관의 프로그램에 비하여 경쟁력이 있어야 합니다. 만약, 프로그램이 차별적이지 못하고 선도적이지 못하다면 대표 프로그램이 되어서는 안 됩니다.

하고 선도적이지 못하다면 대표 프로그램이 되어서는 안 됩니다. 아무리 기관에서 "우리 기관은 다르다"라고 외쳐도 프로그램이 똑같은 모습이라면, 결국 고객은 똑같은 것으로 생각할 수밖에 없기 때문입니다. 타 기관에 비해 차별적으로 인식될 수 없습니다. 따라서, 대표 프로그램은 차별적이며 선도적이어서 타 기관에 비하여 경쟁력을 갖추고 있어야 합니다.

그렇다면 경쟁력은 과연 어디에서 나오는 것일까요? 아이러니하게도 브랜드 아이덴티티에서 나옵니다. 브랜드 아이덴티티는 철학과 같으며 철학은 행동을 지배합니다. 복지관이 지역사회의 배경, 욕구, 문제에 따라 복지관의 사명을 제대로 알고 있다면, 당연히 프로그램도 다르게 표현되고, 다르게 실천됩니다. 행여 브랜드 아이덴티티는 몰랐다 하더라도 복지에 대한 철학이 있는 한 경쟁력 있는 차별적인 프로그램은 따라올 것입니다.

그리고 차별적인 프로그램을 위해서는 선택과 집중의 법칙을 알아야 합니다. 많은 곳에 힘을 쓰면 힘이 분산되어 모두 그저 그런 프로그램이 될 가능성이 큽니다. 전략적으로 대표 프로그램을 선택하고 이에 집중함으로써 의도적으로 경쟁력 있는 프로그램을 만들어야 합니다. 더욱이 현재 복지관들이 수행하는 프로그램의 수가 너무나 많은 상황에서는 더욱더 선택과 집중이 중요합니다. 물론, 선택과 집중에는 희생이 따릅니다. 하지만 시민에게 복지관의 이미지를 심는 것은 복지관의 생존과 복지서비스의 발전을 위해 꼭 필요한 과정이라 생각하고 감수해야 합니다.

그렇다고 대표 프로그램을 빼고 나머지 프로그램은 모두 없애야 한다는 것은 아닙니다. 복지관이라면 최소한 수행해야 하는 기본적인 수준으로 나머지 프로그램을 수행하면서, 대표 프로그램에 힘을 쏟아야 한다는 것입니다. 즉, 고객에게 제품으로 인식되는 대표 프로그램은 복지관의 이미지를 만들기 위해 수면 위로 띄우고, 나머지 프로그램은 기본적인 복지서비스로 계속 유지해야 합니다.

2 MOT에서 보여주어라

네네~ 안녕하십니까?

몇 년 전 개그콘서트에서 유행했던 '114 전화안내원' 유머가 있었습니다. "네네~ 안녕하십니까?" 전국 어디, 어느 지역의 114를 걸어도 똑같은 멘트가 흘러나오는 114 전화안내 목소리 때문에 많은 사람들이 그 유머에 공감하였습니다.

그리고 몇 년 후 저는 직원교육을 받는 자리에서 전화응대 시에는 이와 비슷한 멘트를 해야 한다는 이야기를 들은 적이 있습니다. "네~ 안녕하십니까? 어디어디입니다. 무엇을 도와드릴까요?"라고 말입니다. 게다가, 너무 길면 상대방이 지루할 수 있기 때문에 음의 높낮이를 주어서 지루함을 없애야 한다는 이야기도 들었습니다. 좀 우스웠지만, 그 강사분은 아주 비싼 비용을 주고 모셔온 분이었기 때문에 모든 직원이 이를 따라하고 둘씩 짝을 지어 연습도 해보았습니다. 그 순간 머릿속에 이런 상상이 떠올랐습니다. 대한민국의 모든 곳에서 이와 같은 멘트로 전화를 받게 된다면 어떨까……. 전화를 걸면 다들 똑같은 높낮이와 내용으로 전화멘트를 날리게 된다면, 모두 생각 없이 전화를 받는 114안내원 같을 것 같다는 느낌이 들었습니다.

물론 그런 멘트가 어울리는 곳도 있어 보였습니다. 회사나 고객응대센터 등은 그럴듯해 보였습니다. 하지만 노동조합, 사찰, 수녀원, 욕쟁이할머니집 등과 연결해 보았더니 정말 웃겼습니다. 생각해 보십시오. 투쟁을 외치는 노동조합에서 조합장이 "네네~", 풍경소리만이 정적을 깨는 사찰에서 스님이 "네네~", 엄숙한 분위기에서 절제를 배우는 수녀원에서 수녀님이 "네네~", 욕쟁이할머니 떡볶이 집에서 할머니가 "네네~"

브랜드 컨셉에 따라

무엇이 이상한 것일까요? 노동조합, 사찰, 수녀원, 욕쟁이할머니집에 대한 우리의 이미지와 우리가 흔히 고객응대라고 배우는 내용과는 그 이미지가 서로 맞지 않은 것입니다. 전화를 거는 사람은 상대방에 대한 이미지를 가지고 있고, 그 이미지에 걸맞는 대응을 기대하고 전화를 했는데, 예상했던 이미지와는 다른 모습이 나오면 사람들은 의아해 합니다. 물론, 의아해 하면서 좀 더 산뜻함을 느끼면 좋겠지만, 오히려 이미지가 확 깨져버리는 일이 나오면 이미지 혼란만 야기할 수도 있습니다. 앞에서 열거한 몇 가지 예처럼 말입니다. 만약, 욕쟁이할머니 떡볶이집의 경영상태가 악화되어 욕쟁이할머니가 고객만족을 위해 고객응대를 배웠다고 생각해 보십시오. 그리고 감동을 받아 전화응대를 "네네~"라고 했다고 생각해 보십시오. 그렇다면 그곳은 더 이상 욕쟁이할머니집이 아닙니다. 이전에는 다른 떡

> 직원의 친절교육을 중요시하는 것은 대단히 좋은 일입니다. 하지만, 우리가 어떤 친절을 제공할 것인지는 브랜드 컨셉에 따라 새롭게 해석하여 적용해야 합니다.

볶이집과는 확연하게 차이나는 훌륭한 컨셉을 가지고 있었지만, 획일적인 고객응대를 받아들이면서 컨셉 자체가 흔들리게 되는 것입니다. 욕쟁이할머니집에서는 욕을 먹어야 제맛입니다.

그런데 복지관에도 이러한 일들이 많이 일어나고 있는 것을 봅니다. 즉, 직원이 고객응대를 할 때에도 자기 기관의 이미지가 어떻게 형성되어 있는지를 파악한 후에 이에 맞는 고객응대 방법을 선택해야 하는데, 보통 기업에서 하는 획일적인 고객응대 방식을 선택하여 실천합니다.

그럼, 어떻게 해야 합니까? 전화응대방식도 브랜드 컨셉이 무엇인지 고민하면서 이에 적합한 방식을 만들어 내야 합니다. 노동조합, 사찰, 수녀원, 욕쟁이할머니집에 어울리는 전화응대방식이 따로 있으며, 이를 개발해서 운영할 때 전화응대방식에서도 브랜드 컨셉이 느껴질 수 있게 됩니다.

이와 같이 브랜드 컨셉에 따라 모든 'MOT$^{Movement\ of\ Truth:\ 진실의\ 순간}$', 즉 직원이 고객과 만나게 되는 진실의 순간이 재구성되어야 합니다. 전화응대말고 무엇이 있을까요? 고객과 직접 만나 안내하는 순간, 직원의 복장, 기관의 인테리어 등등 수도 없이 많을 것입니다.

직원의 친절교육을 중요시하는 것은 대단히 좋은 일입니다. 하지만, 우리가 어떤 친절을 제공할 것인지는 브랜드 컨셉에 따라 새롭게 해석하여 적용해야 합니다. 욕쟁이할머니는 욕을 해야 욕쟁이할머니입니다.

욕쟁이 할머니가 사는 법

"할머니, 쫌 있다 갈테니
갈비탕 3인분 준비하세요!"

"야! 이놈아!
니 온다온다 해놓고 왜 안오냐
이 썩을 놈아!
맛나게 해놓고 기다링께.
어여 와, 이 잡것아!"

"역시 욕쟁이 할머니야.
이래서 내가 간다니까"

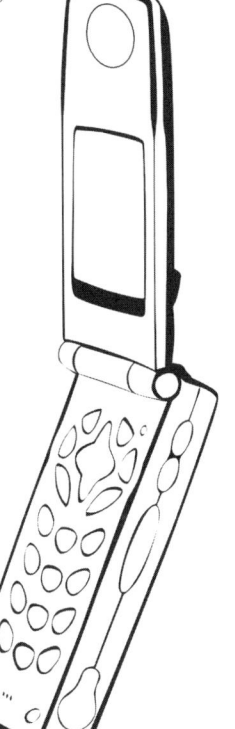

3 기존 복지관 행사를 활용하라

대형 행사를 프로모션화 해라

복지관에서는 특정 주제와 관련하여 대규모 행사를 실시하기도 하며, 복지관마다 특별 행사로 1년에 한번씩 실시하는 경우도 있습니다. 어떤 복지관은 심포지움을, 어떤 기관은 마을 축제를 하기도 합니다. 이러한 행사도 브랜드 전략에서 좋은 프로모션으로 볼 수 있습니다. 즉, 복지관의 브랜드 컨셉을 알릴 수 있는 좋은 촉진행사로 볼 수 있다는 것입니다. 어린이날 행사이지만, 어차피 내용과 방법은 담당 사회복지사가 어떤 식으로 기획하느냐에 따라 결정될 수 있기 때문에 기관의 브랜드 컨셉을 충분히 알릴 수도, 드라마틱하게 알릴 수도 있다고 생각합니다.

순수 자연주의 화장품을 판매하는 '바디샵'의 예를 들어보겠습니다. '바디샵'은 순수 자연주의 화장품을 판매하면서 원칙에 입각한 이익이라는 브랜드 아이덴티티를 가지고 있습니다. 그러한 아이덴티티에 따라 '바디샵'은 동물실험을 반대하며, 자연보호 운동에 앞장서서 활동합니다. 또한 자연주의 원료를 활용하고 이 원료는 제3세계 후진국 국가 주민에게서 구입하되, 원조가 아닌 서로 간의 평등한 무역거래를 통하고 있습니다. 또한 화려하게 치장하는 다른 화장품 패키지와는 달리 '바디샵'의 패키지^{포장, 용기}는 재활용이 가능하도록 플라스틱으로 만들어 재활용운동에도 앞장서고 있습니다.

이를 통해, '바디샵'을 이용하는 사람들은 원칙에 입각한 '바디샵'이 만드는 화장품에 신뢰를 보내고, 그 제품을 구입하는 자신 또한, 자연보호 등의 가치를 소중히 여기는 사람으로서 자연보호에 동참하는 마음을 가지게 됩니다. 실제로, 한국 '바디샵' 홈페이지에 들어가보면 어떤 화장품을 사면 어떤 물건을 준다는 식의 행사가 아닌, '자연을 지킬 수 있는 내가 할 수 있는 3가지 방법'을 글짓기해서 보내라든지 하는 어찌 보면 환경단체에서 주도하는 것 같은 행사를 펼치고 있습니다. 이렇게 자연주의라는 것을 끊임없이 강조하고, 이를 실행에 옮김으로써 순수 자연주의 화장품인 '바디샵'은 공감을 얻고 있습니다.

마찬가지로, 복지관에서는 다양한 행사를 하는데 이 행사들을 통해 복지관의 브랜드 컨셉을 명확히 알릴 수 있는 방안을 모색하여 접목할 수 있다면 행사는 행사대로 진행되고, 브랜드 컨셉도 함께 알릴 수 있게 됩니다. 만약 '인간다운 복지관'을 브랜드 컨셉으로 잡은 복지관이 있다면, 어린이날을 통해 가장 따뜻한 마음을 가진 어린이를 선정하여 시상을 하는 것도 한 방안이 될 것이며, 조금 황당하게 생각해보면 아예 복지관 전체를 사람의 모습처럼 꾸미는 행사를 해도 될 것입니다. 잠시 생각해 본 것이지만, 이 외에도 브랜드 컨셉에

> 복지관에서 하는 프로모션과 이벤트 또한, 가능하면 브랜드 컨셉을 명확히 알리는 데 활용할 수 있어야 합니다. 많은 분들 앞에서 우리 브랜드를 이야기할 수 있는 기회는 흔하지 않기 때문입니다.

맞는 이벤트와 프로모션을 찾을 수 있을 것입니다.

복지관에서 하는 프로모션과 이벤트 또한, 가능하면 브랜드 컨셉을 명확히 알리는 데 활용할 수 있어야 합니다. 많은 사람들 앞에서 우리 브랜드를 이야기할 수 있는 기회는 흔하지 않기 때문입니다.

기관 브랜드의 소▲선장: 직원

이와 같이 복지관에서 수행하는 사업이 프로모션, 즉 촉진행사가 될 수 있으려면 직원 모두의 브랜드에 대한 이해가 있어야 합니다. 모든 행사는 기본적인 목적을 가지고 있습니다. 그리고 이 목적을 해치지 않으면서 브랜드 컨셉을 알릴 수 있는 방안은 직접 기획하고 진행하는 담당자가 제일 잘 알 수 있습니다. 담당자는 사업 중 반드시 담아내야 할 내용과, 브랜드 컨셉에 적합한 사업을 판단할 수 있는 핵심적인 사람이기 때문입니다.

그런데 이렇게 담당자가 브랜드에 대해 동의하지도 못한 상태에서 상사가 일방적으로 브랜드 컨셉을 기획하고 명령을 내려버리면, 담당 직원은 자신의 영역을 침해당했다고 느낄 수도 있기 때문에 담당자 스스로 브랜드에 대한 이해를 가질 수 있도록 하는 것이 그 무엇보다 중요합니다. 브랜드에 대한 이해가 밑바탕에 깔려있지 않으면 오히려 서로 오해가 생길 수도 있기 때문입니다.

어떤 사업이든 그 사업을 실제로 진행하는 담당자가 그 사업에 대하여 가장 잘 알고 있으며, 담당자가 동의하고 움직일 때 가장 큰 효과를 낼 수 있습니다. 마찬가지로, 각 사업을 통해 브랜드 컨셉을 가장 효과적으로 알리기 위해서는 전 직원이 브랜드 컨셉에 대하여 명령을 받는 것이 아닌 이해하고 스스로 적용할 수 있도록 해야 합니다. 즉, 전 직원이 기관 브랜드의 선장이 되어야 하는 것입니다. 전 직원이 브랜드가 나가야 할 방향을 알고 선장이 되어 각자의 사업에서도 노력할 때 행사는 프로모션이 될 수 있고, 브랜드는 성장할 수 있게 됩니다.

4 충성후원자가 보증을 서게 하라

사회적 증거

　복지관도 일반 기업과 마찬가지로 브랜드 전략을 수행할 때에는 홍보작업이 필수적으로 포함됩니다. 하지만 모든 것을 홍보를 통해 해결하려 하면 많은 금액을 투자할 수 없는 복지관 입장에서는 부담이 큰 것이 사실입니다. 그런데 지역사회를 중심으로 하는 복지관이라는 현실을 다른 시각으로 살펴보면, 홍보와 비교해 그 영향력이 대등하게 큰 한 가지 요소를 발견하게 됩니다. 바로 사회적 증거, 흔히 말하는 구전효과입니다.
　사람들은 무엇인가 새로운 것을 판단하고자 할 때 주변사람들의 판단을 참고하여 판단하는 경우가 많습니다. 물론, 광고를 통해서도 이를 판단할 수 있지만, 일단 광고보다는 주변에서 듣게 되는 이야기에 좀 더 신뢰성을 가지는 것이 사실입니다. 광고는 말 그대로 광고이고, 어떻게 하면 좀 더 많이 팔아먹을까 하는 판매자의 입장으로 광고를 만들었다는 의심이 붙기 때문입니다. 이런 점에서 복지관은 홍보에도 집중해야 하지만, 복지관에 대하여 긍정적인 구전을 해줄 수 있는 사람들을 만드는 것이 무엇보다 중요합니다. 긍정적인 구전을 해주는 사람이 있을 때에는 그 무엇보다 훨씬 강력한 사회적 증거가 되어 후원에 힘을 실어줄 수 있기 때문입니다.

후원자가 증거하게 하라

그렇다면 복지관에 대하여 후원자에게 가장 영향력 있게 말할 수 있는 사람은 누구일까요? 바로 같은 후원자입니다. 후원자가 복지관에 대하여 긍정적인 구전을 해줄 때 후원하고자 하는 사람에게 가장 큰 영향력을 끼칠 수 있을 것입니다. 복지관의 홍보가 아무리 좋게 나간다 하더라도 후원자가 부정적인 말을 해버리면 그 홍보비는 모두 날아가 버린다고 생각해도 무방합니다. 그곳에 직접 후원하고 있는 사람이 부정적으로 말하는 것을 들으면 더 이상 볼 필요도 없습니다.

따라서 복지관은 후원자로 하여금 복지관을 최대한 이해할 수 있도록 고려해야 하며, 복지관에 대하여 만족할 수 있도록 해야 합니다. 후에 다시 이야기를 하겠지만, 이러한 목적을 위해서 복지관은 후원자에게 특별한 서비스와 경험을 제공하는 것이고, 후원자로 하여금 주변 사람들에게 복지관을 소개하고 알릴 수 있도록 해야 합니다. 소극적 지지자에서 적극적 참여자로 후원자의 역할이 바뀔 수 있도록 해야 하는 것입니다.

> 복지관에 대하여 긍정적인 구전을 해줄 수 있는 사람들을 만드는 것이 무엇보다 중요합니다. 긍정적인 구전을 해주는 사람이 있을 때에는 그 무엇보다 훨씬 강력한 사회적 증거가 되어 후원에 힘을 실어줄 수 있기 때문입니다.

충성후원자에게 더 많은 가치를 제공하라

이렇게 하기 위해서는 생애가치가 높은 후원자는 보통 사람들과 다르다는 이미지를 심어주어야 할 필요가 있습니다. 생애가치가 높은, 즉 후원 유지율이 높거나 후원금이 높은 후원자의 경우에는 '나눔을 아는 사람들'이라든지 하는 특별한 이미지를 심어줌으로써 후원자가 후원을 통해 좀 더 많은 가치를 얻었다고 만족하도록 해야 합니다. 물론, 이러한 이미지를 일반 대중에게도 알려서 대중을 통해서도 그 이미지를 확인받게 되면 후원자의 자기만족은 좀 더 높아질 것입니다.

이와 함께 한 가지 더 생각해 볼 점은 생애가치가 높은 후원자와 낮은 후원자를 구분해서 좀 더 차별적인 가치를 제공하는 것입니다. 보통 기업에서 마일리지 등으로 고객의 등급을 나누고 관리하는 것과 같은 개념이 필요한 것입니다. 후원을 많이 하는 후원자에게 좀 더 많은 편익을 제공하고, 좀 더 충성후원자화 될 수 있도록 해야 한다는 말입니다. 복지관에서 생애가치가 높은 충성후원자에게 감사패를 전달한다든지 하는 것은 좋은 예가 될 것입니다. 하지만 이것이 후원을 적게 하는 후원자는 무시하라는 이야기가 아닙니다. 오히려 생애가치가 높은 후원자에게 노골적으로 좀 더 많은 가치를 제공할 경우, 후원자 중에서 복지관에 대한 반발을 가져올 수 있기 때문에 이런 차등적인 후원자 관리가 필요하다는 뜻입니다. 후원은 구매와는 달라서 그 자체만으로 소중하다고 믿는다는 점에서 이런 개념은 자칫 복지관의 도덕성에 치명적인 손상을 입힐 수 있습니다. 따라서 후원자 자체를 구분하는 전략은 생애가치가 낮은 고객에게는 잘 모르게 하거나, 아니면 수긍할 수 있는 수준 안에서 이루어지는 것이 필요합니다.

그렇다면, 복지관에서 활용할 수 있는 충성후원자 전략은 무엇이 있을 수 있을까요? 후원자의 밤에 충성후원자에 대한 시상을 진행하는 것, 복지관 내 각종 위원회 등의 참여 기회를 충성후원자에게 제공하는 것, 충성후원자의 이름을 따서 독립적인 프로그램 명칭에 삽입하는 것 — "선동렬 장학금"이 좋은 예입니다 — 등은 충성후원자에게 좀 더 높은 가치를 제공하는 방법이 될 수 있을 것입니다.

> 전략적으로 충성후원자를 만들고 이 계층이 복지관의 적극적 지지자가 되도록 함으로써 이후에는 충성후원자가 복지관 후원자 개발에 참여하도록 해야 합니다.

직접구전효과

충성후원자가 확보되면 이들이 복지관의 행사에 좀 더 구체적으로 참여할 수 있도록 독려해야 합니다. 충성후원자가 된 경우에는 그만큼 복지관의 참여 권유를 거부하기 쉽지 않기 때문입니다. 상호교환의 개념에 따라 복지관에서 충성후원자로 인정받았고 현재 만족하고 있다는 것이 충성후원자로 하여금 좀 더 적극적으로 복지관 행사에 참여할 수 있게 하는 것이죠. 그렇다면 충성후원자에게는 어떤 행사에 참여하도록 해야 할까요? 바로 복지관은 후원받을 만하다는 것을 증거하는 행사에 참여하도록 해야 하고, 후원자 배가 운동 등에 참여하도록 해야 합니다. 이렇게 적극적으로 주변사람에게 구전할 수 있도록 격려하고 독려해야 합니다.

복지관 직원만이 구전효과를 만들어내는 것은 어려운 일입니다. 전략적으로 충성후원자를 만들고 이 계층이 복지관의 적극적 지지자가 되도록 함으로써 이후에는 충성후원자가 복지관 후원자 개발에 참여하도록 해야 합니다. 후원사에게 가장 영향을 미칠 수 있는 조언을 제공하는 사람은 바로 후원자 자신이기 때문입니다.

간접구전효과: 기관 매체^{소식지}, 지역 매체^{보도자료}

하지만 충성후원자를 많이 확보해도 결국 많은 사람에게 다 이야기하는 것은 쉽지 않은 일입니다. 따라서 간접구전효과를 만들어 내는 것도 중요하리라 생각됩니다.

요즘의 광고를 보면 생활인의 입장에서 "이 제품은 어떻다", "이 제품은 믿을 만하다"하는 사회적 증거의 광고를 흔히 볼 수 있습니다. 유명 연예인이 광고하던 이전의 것과는 다르게 말입니다. 이러한 것은 사회적 증거 효과를 이용한 광고기법입니다. 연예인이 아닌 나와 같은 사람이 TV를 통해 증거하면 연예인이 증거하는 것보다 좀 더 신뢰성을 얻고, 공감을 얻을 수 있다고 판단되어 사용하는 방법입니다. 그리고 실제로 광고효과도 보고 있다고 합니다.

이를 참고해 보면, 복지관도 간접적 구전효과를 획득할 수 있도록 소식지 등을 새롭게 구성할 필요가 있습니다. 즉, 복지관 소식지를 통해 복지관이 후원할 만한 곳이라는 것을 후원자가 증거할 수 있도록 해야 합니다. 소식지 내의 후원자코너 등을 통해 후원을 함으로써 어떠한 만족을 얻었는지, 후원 후에 듣게 된 상세한 보고 등이 만족스러웠다든지 하는 이야기가 담겨져야 합니다. 그리고 소식지를 접하는 사람은 복지관 후원에 대한 긍정적인 증거를 들을 수 있도록 해야 합니다.

저는 바로 이것이 소식지의 목표가 되어야 한다고 생각합니다. 복지관 직원이 복지에 대하여 전문적 복지개념과 프로그램을 설명하는 어려운 소식지가 아닌, 단순하게 나와 같은 사람들이 나와 복지관에 대하여 소개하고 증거하는 쉬운 소식지가 되어야 합니다. 소식지가 이렇게 구성될 때에야 비로소 소식지에 투입되는 비용이 아깝지 않게 됩니다.

그리고 기관이 운영하는 매체인 소식지만으로 만족하지 말고, 충성후원자의 이야기가 지역 매체에 실릴 수 있도록 보도자료를 적극 배포하는 것이 필요합니다. 보도자료 제작은 보통의 복지관에서 대부분 진행하는 것으로 판단되기 때문에 작성 방법에 대해서는 생략하도록 하겠습니다. 다만, 보도자료 역시 단순히 기관명만 들어가도록 하는 것이 중요하지 않고 후원자 기사라 하더라도 궁극적으로는 복지관 자체가 후원할 만한 곳이라는 개념까지 전달될 수 있도록 기사화하는 것이 대단히 중요합니다. 또한 보도자료를 통해 지역 매체에 실린 내용을 또 다시 기관 매체에 재홍보함으로써 공신력을 얻는 부분 역시 중요합니다. 온라인과 오프라인이 서로 협력하여 계속 연상작용을 만들어갈 수 있도록 해야 합니다.

결국, 간접구전은 직접구전이 감당할 수 없는 대중을 상대하게 됩니다. 하지만 기억해야 할 점은 직접구전을 하는 충성후원자가 없으면 간접구전의 영향력은 줄어든다는 것입니다. 간접구전과 함께 직접구전을 들을 수 있도록 복지관은 시너지효과를 획득하도록 노력해야 합니다. 이것이 충성후원자를 만들어야 하는 중요한 이유 중의 하나입니다.

당신의 후원자는 과연 보증을 서줄까요?
후원자가 보증인이 되면 그 어떠한 무기보다 강력한 무기가 됩니다.

Social Work
Brand Strategy

제4장
후원상품을 판매하고 후원자를 관리하라

4-1 상품프로그램을 판매하라

1 프로그램을 상품화하라

　　시민의 입장에서 복지관의 이름과 목적을 알게 되었다는 것만으로 후원이라는 구체적인 행동을 실천하게 되리라 생각하는 것은 너무 쉬운 생각이 아닐까 싶습니다. 물론, 좋은 것을 추구한다는 사실만으로 후원이 쏟아져 들어오면 좋겠지만 그렇지 않은 것이 현실이고 우리가 지금까지 겪어왔던 일입니다. 즉, 브랜드가 알려진다고 해서 자연스럽게 후원도 증가하게 되리라 생각하는 것은 현실과 맞지 않다는 이야기입니다. 사람들은 좀 더 구체적인 것을 원합니다. 높은 이상을 추구한다는 것만으로 후원하는 사람은 없고, 실제로 후원을 할 때에는 좀 더 구체적인 부분에 후원을 하고 싶어하는 것이 현실입니다. 따라서, 브랜드 파워를 키우는 것만으로는 부족하며, 그 외에 또 다른 구체적인 무엇이 있어야 합니다.

　　바로 상품프로그램에 대한 이야기가 있어야 하는 단계입니다. 이전까지의 단계가 그 복지관은 후원해도 좋을 만큼 신뢰할 만한 곳이라는 것을 심어주는 기관 브랜드 형성단계였다면 이제는 형성된 브랜드 자산을 통해 후원상품을 직접 개발하고 관리하는 단계에 대한 설명이 이루어질 것입니다. 여기서 한가지 여쭤어 보겠습니다. 복지관이 상품으로 내세울 수 있는 것은 무엇이 있을까요? 이 질문에 어떻게 답하느냐에 따라 복지관에 브랜드 마케팅전략을 접목하는 것이 독이 되느냐, 약이 되느냐가 결정될 수 있습니다.

> 투자할 인력과 자본이 부족한 복지관에서 존재 근거가 되는 복지사업에 온 힘을 기울이지 못한다면, 복지관이 존재해야 하는 이유를 놓치게 됩니다.

먼저, 독이 되는 경우입니다. 복지관에는 상품이 없다는 개념에서 출발하는 경우입니다. 일단, 복지관에 상품이 없으면 후원을 위해서 결국 다른 어떤 상품을 만들어야겠다고 생각하게 됩니다. 만약, 컵을 상품으로 만들어 후원을 받겠다고 생각하면 어떻게 될까요? 당연히 컵을 만드는 데 노력을 기울여야 하고, 인력과 자본 투입이 있어야 합니다. 하지만, 이렇게 일이 진행되면 복지관은 점점 핵심사업에 집중할 힘을 잃게 되는 것과 다름없습니다. 그리고 후원사업이 커지면 커질수록 복지관은 복지관이 아니라 하나의 기업이 되는 것입니다. 이름은 복지관이지만, 실제로 하는 일은 기업과 별반 다르지 않게 됩니다.

후원상품은 이렇게 개발되어서는 안됩니다. 특히, 투자할 인력과 자본이 부족한 복지관에서 존재 근거가 되는 복지사업에 온 힘을 기울이지 못한다면, 복지관이 존재해야 하는 이유를 놓치게 됩니다. 저는 이와 같은 예를 수도 없이 보아왔고 경험해 왔습니다. 복지관의 후원금 모금을 위해 복지관 직원은 바자회 행사의 기획사 직원이 되기도 하고, 찻집 서빙 직원이 되기도 하고, 장사꾼이 되기도 합니다. 이런 일회적 행사를 비판하는 것은 아닙니다. 물론 쓰임새가 다 있습니다. 하지만 이것이 실제 복지관의 합목적성을 얼마나 달성하는가를 살펴보면 저는 회의적인 시각이 좀 더 많습니다. 바자회를 위해서는 2달을 우선순위의 1순위로 놓고 준비해야 합니다. 1년 중 2달을 그것도 바자회라는 것에 매달려 결국 복지사업은 2순위로 밀리는 상황이 안타까웠습니다. 바자회 준비 때문에 제가 심혈을 다해 추진하던 사업이 2달 동안 만신창이가 되는 모습을 보면서 차라리 월급을 줄여 받고 복지사업에만 전념했으면 하는 마음이 굴뚝같았습니다. 복지관은 자신의 주제를 알아야 합니다. 돈을 번다는 것이 쉽지 않습니다. 오직 그것만 해서 돈을 벌려는 사람도 힘들어하는데, 평상시에는 복지라는 일만 하다가 2달 반짝, 바자회해서 돈벌겠다고 하는 것은 결코 쉬울 수 없습니다. 게다가, 자신에게도 맞지 않는 일이라 부작용도 많습니다. 다시 한 번 말씀드리지만, 일회성 대규모 후원행사가 필요 없지는 않습니다. 충분히 필요성이 있습니다. 하지만 그것이 복지관 후원금 충당의 주 수단이 되어서는 곤란하다는 말씀입니다. 합목적성을 생각한다면 말입니다.

　　이번에는 약이 되는 경우입니다. 복지관은 무엇을 상품으로 선택해야 할까요? 별게 있습니까? 할 수 있는 게 복지프로그램뿐이니, 복지프로그램을 상품으로 해야 합니다. 복지사업, 프로그램뿐입니다. 그렇다면 이 복지사업, 프로그램을 어떻게 상품화할지를 고민해야 합니다. 괜히 할 줄도 모르는 것을 하면서 후원상품을 만드는 데 끙끙대지 말고, 정직하고 투명하게 할 수 있는 것으로 승부를 걸어야 합니다. 할 수 있는 것이 이것뿐이니 이것을 어떻게 가공해서 상품화할 수 있을까 생각해야 합니다. 복지관은 자신의 존재이유를 놓치지 않고 가장 복지관답게 상품을 선정해야 합니다. 복지관이 다른 기업과 다르게 가장 잘 할 수 있는 것, 바로 복지사업과 프로그램을 상품으로 선정하는 것입니다. 이렇게 되었을 때 후원사업에 집중한다면 핵심과제에 나쁜 영향을 미치지 않고 오히려 핵심과제에 집중할 수 있습니다.

기관 브랜드를 보고 기관이 신뢰할 만한 곳인지 판단하게 하고, 상품프로그램을 통해 구체적인 사업에 투자하게 합니다.

바로 상품이 될만한 상품프로그램을 선정해야 합니다. 이 상품을 통해 후원자를 모집하고, 후원자에게 구체적인 상품 진행과정을 보고함으로써 자기만족을 제공해야 합니다. 기관 브랜드를 보고 기관이 신뢰할 만한 곳인지 판단하게 하고, 상품프로그램을 통해 구체적인 사업에 투자하게 합니다. 즉, 방과후교실, 학교사회사업, 여성 자존감향상프로그램, 한부모자조모임, 장애인부모모임 등을 들고 나가 후원해달라고 이야기하는 것입니다.

2 선정의 조건 1: 브랜드 컨셉에 위배되지 말아야 한다

> 상품프로그램은 복지관 프로그램 중에서 선정하되, 복지관 브랜드 컨셉에 맞는 프로그램을 먼저 추려내고, 그 중에서 선정해야 합니다.

일관성이 있어야

상품프로그램은 복지관 브랜드 컨셉에 어긋나서는 안 됩니다. 상품프로그램이 브랜드 컨셉과 다르게 구성되면, 자칫 기관 브랜드가 위축되는 결과를 가져옵니다. 기관 브랜드가 표방하는 것과 상품프로그램이 추구하는 것이 서로 다르다고 인식되면 사람들은 여러 가지를 기억해야 하기 때문에 브랜드에 대한 고정관념을 무엇으로 해야 할지 혼란스러워하고 결국 브랜드는 한 단어로 설명할 수 없게 됩니다. 결국 브랜드가 약화되는 것입니다. 따라서, 상품프로그램은 복지관 프로그램 중에서 선정하되, 복지관 브랜드 컨셉에 맞는 프로그램을 먼저 추려내고, 그 중에서 선정해야 합니다. 이와 같은 방식으로 상품프로그램을 선정하면 브랜드연상도 강화시키면서 후원상품도 선정할 수 있습니다.

H전자? BMW 오토바이!

H라는 과자 회사가 있다고 해봅시다. H과자회사가 어느 날 명품 오디오 브랜드를 인수했다고 가정합시다. 당신이라면 명품 오디오 광고에 H브랜드를 삽입하시겠습니까? 하지 않으시겠습니까? 물론 같은 계열이 되었으니 당연히 H브랜드를 넣어야지 할 수 있을 것입니다. H라는 브랜드를 많은 사람들이 알고 있으니까 H브랜드를 넣으면 좋아할 것이라 생각할 수 있습니다. 이런 개념에서 H과자회사는 명품 오디오 브랜드를 인수한 후 광고 뒷부분에는 H전자라는 것을 삽입하였습니다.

하지만 과자 만드는 회사에서 만드는 오디오를 누가 사려할까요? 값이 싼 과자 만드는 회사가 어느 날 갑자기 전자제품을, 그것도 명품 오디오를 만든다고 하면 사람들은 쉽게 동의하지 못할 것입니다. H과자회사에서 H전자회사로 생각이 확장되지 않는 것입니다. 1,000원짜리 과자 만드는 H가 만드는 명품 오디오! 왠지 어울리지 않습니다. 브랜드가 모든 결론을 내리는 것은 아니지만, H의 명품 오디오 인수는 성공적이지 못할 것입니다.

이번에는 속도의 단어전셉를 가지고 있는 BMW의 예를 들어 보겠습니다. 명품 자동차 브랜드는 모두 각각에 고유한 한 가지 개념을 가지고 있습니다. '볼보-안전', 'BMW-속도', '롤스로이스-전통'처럼 말입니다. 자신만의 컨셉을 가지고 있는 것입니다.

그런데 BMW가 어느 날 오토바이를 개발하면서 지금까지 추구하던 속도의 컨셉을 버리고, 안전의 컨셉을 가진 오토바이를 만들면 어떤 상황이 벌어질까요? 그 오토바이는 잘 팔릴까요? 아닙니다. 사람들은 BMW에 빠른 속도를 기대하고 있는데, 속도와는 상관없는

> 브랜드 전략을 사용한다는 것은 브랜드 컨셉이 기준이 되고, 상품 프로그램 선정에도 그것이 기준으로 작용해야 합니다.

안전한 오토바이를 팔게 되면 사람들은 혼란스러워하게 됩니다. 결국 BMW가 가지고 있는 속도라는 컨셉마저도 흔들려 BMW는 위기를 맞이하게 됩니다.

이러한 브랜드 확장의 원칙을 잘 아는 BMW는 속도라는 장점에서 출발해서 자동차 후속상품을 내놓고 있으며, 브랜드를 확장할 때에도 이 원칙을 잘 지켰습니다. "속도가 빠른 자동차 BMW"라는 개념에서 출발하여 오토바이를 만들면서도 속도가 빠른 오토바이를 만들고 이를 상품화한 것입니다. 지금도 오토바이 중에서 속도하면 BMW오토바이입니다. 이러한 개념을 브랜드 확장이라고 합니다.

선정기준: 브랜드 컨셉

그렇다면 복지관에서는 무엇을 배워야 할까요? 상품을 만들어 내는 데에도, 브랜드 컨셉에 맞추어 선정해야 하지, 그렇지 못하면 결국 브랜드 파워만 낮추는 꼴이 된다는 것입니다. 여기에서도 집중이 필요합니다. 그러면 복지관 프로그램 중에서 후원자에게 어필은 잘 할 것으로 예상되지만 브랜드 컨셉에 맞지 않는 프로그램은 어떻게 해야 할까요? 단순히 후원사업의 활성화를 기준으로 삼는다면 당연히 선정되어야 마땅합니다. 하지만 브랜드를 생각하면 이 프로그램은 먼저 브랜드 컨셉에 맞게 수정할 수 있는지 생각해 보아야 하고, 아무리 수정해도 브랜드 컨셉과는 동떨어진다고 판단되면 채택하지 말아야 합니다. 빈대 잡자고 초가삼간 다 태울 수는 없기 때문입니다. 당장에 손해가 될 수 있겠지만, 상품 프로그램을 잘 개발하여 브랜드 컨셉이 제대로 확장될 수 있는 상품을 만드는 것이 장기적으로는 더 큰 이익이 될 것입니다.

기억하십시오. 브랜드 전략을 사용한다는 것은 브랜드 컨셉이 기준이 되고, 상품 프로그램 선정에도 그것이 기준으로 작용해야 합니다. 브랜드 컨셉이 상품 선정의 제1조건이 되어야 합니다.

3 선정의 조건 2: 후원할 마음이 생겨야 한다

상품프로그램은 고객으로부터 후원을 얻어내는 데 집중해야 합니다. 물론, 제1원칙인 브랜드 컨셉에 따라서 말입니다. 그렇다면 후원자가 주로 후원하는 사업을 살펴보는 것이 순서입니다.

구체적 성과가 있는 프로그램

후원자는 지역사회 자체를 바꾸는 일보다는 단체, 단체보다는 개인에게 더 많은 후원을 하고 싶어하는 경향이 있습니다. 구체적인 것에 후원을 하고 싶어하는 것입니다. 따라서, 사업은 구체적이어야 합니다. 사업내용이 구체적이고, 변화를 구체적으로 제시할 수 있는 사업이어야 합니다. 대부분의 비영리 후원전략 등을 다룬 책에서도 '결식아동줄이기 캠페인' 보다 '결식아동 김OO 돕기' 가 훨씬 후원자의 마음을 움직이는 데 유리하다고 합니다. 이는 구체적으로 생각할 수 있게 도와주고, 그 성과 또한 구체적으로 드러난다고 생각하기 때문입니다.

실제로 '아름다운 재단'에서 실시하는 사업 중 저소득가정의 전기세, 수도세를 대신 내주는 사업의 경우 그것은 '저소득가정 지원사업'이라고 하는 것보다 훨씬 구체적입니다. 같은 저소득가정 지원사업이지만, 끊어진 전기와 수도를 다시 들어오게 하는 구체적 성과가 예상되기 때문에 후원할 마음이 훨씬 크게 생깁니다. 구체적인 것은 힘이 있고, 이를 통해 후원자는 후원할 마음을 가지게 됩니다.

이런 점에서, 복지관에서는 장기적인 투자를 통해 결과를 획득할 수 있는 사업보다는 좀 더 구체적인 사례가 있는 프로그램으로 후원상품을 선정하는 것이 더 유리합니다. 결국 후원자의 마음을 얻어야 하기 때문입니다.

당위성에 도전하라

후원자의 마음을 얻기 위해서는 당위성을 지닌 프로그램을 상품으로 선정하는 것이 좋습니다. 즉, 인간이라면 당연히 충족되어야 하는 것이라고 여겨지는 것이 좋습니다. 그러한 상품의 예로서, "20살까지 영화관에 가보지 못했습니다", "바다가 어떻게 생겼는지 TV로만 알고 있습니다", "엄마, 아빠가 농아인이라 6살까지 말을 할 줄 몰랐습니다", "한글을 몰라 뺑소니를 당해도 번호판을 못 읽었습니다", "2살, 4살 아이 둘이 울면서 아빠를 기다리다 지쳐 잠이 들었습니다" 등이 있습니다.

보통 이 정도는 보장되고 있으리라 생각하던 것이 지켜지지 않을 때 사람들은 측은지심을 가지게 됩니다. 따라서, 프로그램 중에서도 상품화할 수 있는 것은 이와 같이 측은지심을 가지게 하는 상품이

> 상품은 무엇보다 후원자의 마음을 움직여야 합니다. 그리고 이는 구체성과 당위성을 가진 프로그램을 상품화함으로써 가능할 수 있습니다.

되어야 합니다. 꼭 제공되어야 한다는 동감을 얻는 프로그램이 어야 하는 것입니다. 이런 점에서 상품 프로그램 선정 시 매슬로우^{Maslow}의 5단계 욕구이론을 잘 살펴보고 활용할 수도 있을 것입니다. 가장 낮은 단계의 욕구로부터 후원의 당위성을 부여받게 될 것이기 때문입니다.

상품은 무엇보다 후원자의 마음을 움직여야 합니다. 그리고 이는 구체성과 당위성을 가진 프로그램을 상품화함으로써 가능할 수 있습니다.

4 이름만 들어도 마음이 찔리도록

이름만 들어도

　브랜드와 관련해서 가장 먼저 듣게 되는 것은 무엇일까요? 제일 먼저 듣는 것은 사실 브랜드, 바로 이름입니다. 이름이 먼저 기억나고 다음의 것들이 하나씩 하나씩 기억납니다. 가장 먼저 기억되는 것, 그것의 중요성은 앞에서 말씀드린 바가 있습니다. 이런 점에서 브랜드 연상에 가장 큰 영향을 미치는 요소는 바로 이름입니다. 네이밍이 중요합니다.

　그런데 앞에서 기관 브랜드 전략에 대해 이야기할 때에는 네이밍의 중요성을 이야기하지 않았습니다. 이는 중요하지 않아서가 아니라, 각 기관명이 브랜드 전략에 따라서가 아닌 지역단위로 정해져 있기 때문에 따로 네이밍 할 수 없기 때문입니다. ○○종합사회복지관, ××종합사회복지관이라고 거의 자동적으로 정해지는 상황에서 브랜드 네임을 또 다시 정하고 알리는 것이 복지관으로서는 크게 도움이 될 것이 없다고 생각했습니다 — 참고로 복지관 명칭을 굳이 따로 정하려면 할 수도 있습니다. '하자센터'가 그 좋은 예입니다. 하지만, '하자센터'와 같이 새롭게 네이밍을 하려 할 때에는 네이밍에 대한 홍보작업이 대대적으로 이루어져야 하기 때문에 복지관에는 소개하지 않았습니다 —.

　　하지만 개별 상품프로그램은 다릅니다. 개별 상품프로그램은 기관에서 얼마든지 정할 수 있고, 필요에 따라 변경할 수도 있습니다. 이런 점에서 상품프로그램에 있어 이름, 즉 네이밍은 큰 힘을 발휘할 수 있습니다. 이름만 들어도 알 수 있는 상품과 이름과 함께 설명까지 들어야만 알 수 있는 상품 중 무엇이 고객의 마음 속에 쉽게 들어갈 수 있을지는 깊게 생각해 보지 않아도 알 수 있습니다. 그러므로 상품프로그램에 있어서 가장 신경써야 하는 부분은 바로 상품프로그램의 이름, 네이밍입니다.

송곳으로 찌르듯 해라

　　사회복지현장에 있으면서 한 가지 느낀 것이 있습니다. 후원자는 후원하는 사업의 모든 부분을 깊이 이해하여 후원한다기보다는, 단지 그 취지에 동의하여 후원한다는 점입니다. 즉, 사회복지사처럼 왜 필요성이 있는지 꼼꼼히 깊게 생각하는 것이 아니라, 그 사업이 추구하는 바가 정말 필요하다는 동감만 얻으면 세부적인 내용은 자세히 알지 않아도 후원으로 연결될 수 있다는 것입니다.

　　저는 복지관에서 근무하면서 한글을 모르는 성인[30대~50대 중심]을 위한 성인학교를 담당했던 적이 있습니다. 이 성인학교에는 가정형편이 어려워 수업비조차 낼 수 없는 분들이 있었고, 이분들을 위해 장학금을 제공해 주는 후원자가 있었습니다. 저는 그 후원자에게 성인학교가 왜 필요한지, 어떠한 성과가 있었는지, 그간의 과정은 어떠한지 열심히 설명을 드려 계속 후원을 하도록 노력했습니다. 하지만 쉽지 않았습니다. 마음속에 무엇인가 부족하다는 느낌이 있었기 때문이었습니다. 이러한 고민은 성인학교 졸업식 때 그 후원자가 참석하면서 해결되었습니다. 그분은 장학금 전달을 위해 졸업식에 참석하였고, 졸업생 중 한 명이 송사를 더듬더듬 읽으면서도 글을 읽는다는 것에 감격해 하는 모습을 보고, 왜 후원을 해야 하는지 마음으로 느끼고 돌아가셨습니다. 실제로 그분은 장학금이 정말 소중한 곳에 쓰여지고 있음을 느꼈던 것입니다. 그제야 저는 그동안 무엇인가 부족했다고 느꼈던 것이 채워졌음을 느꼈습니다.

> 상품프로그램 이름은 후원자가 이해해야 하는 것이 아닌, 후원해야 할 이유를 느낄 수 있도록 송곳으로 찌르듯 정해야 합니다.

그 후원자는 성인학교에 대한 자세한 내용을 전혀 알지 못합니다. 하지만, 자신의 후원이 정말 소중한 곳에 쓰이고 있음을 느끼고 가셨습니다. 후원자는 결코 학습되고 싶어하지 않습니다. 느끼고 싶을 뿐입니다. 몇 월에 졸업식을 하고, 몇 시간씩, 몇 명이 배우고 과목이 4과목인데 그 이유가 무엇이냐 하는 세세한 부분은 후원자에게 그다지 중요하지 않습니다. 오히려 후원자는 내 후원금으로 대상자가 행복한 삶을 누릴 수 있다는 것을 느끼게 되면, 세세한 모든 문제는 아무 문제 아닌 것으로 해결됩니다.

바로 이것이 중요한 점이며, 상품프로그램 이름은 후원자가 이해해야 하는 것이 아닌, 후원해야 할 이유를 느낄 수 있도록 송곳으로 찌르듯 정해야 합니다. 그 이름만 들어도 어려움이 느껴져서, 후원의 필요성을 바로 알 수 있게 해주는 이름이 필요합니다.

캠페인처럼 네이밍하라

저는 이와 같은 개념에서 상품프로그램 네이밍을 잘 하는 곳으로 '아름다운 재단'을 꼽습니다. '아름다운 재단' 홈페이지에 들어가 보면 각종 사업과 기금안내가 펼쳐지는데 그 이름들을 들으면 무엇을 하고자 하는 기금인지 쉽게 알 수 있는, 송곳으로 찌르는 듯한 이름들이 종종 눈에 띕니다. 어찌 보면 슬로건 같기도 하고 캠페인 같기도 합니다. 하지만, 기관 브랜드처럼 많은 에너지를 들여 홍보할 수 없는 상품프로그램의 경우 캠페인이나 슬로건처럼 명확하게 이름만으로 이해할 수 있도록 해야 하는 것은 당연할 것입니다.

여기 '아름다운 재단'의 사업명을 올려보겠습니다.

"미숙아치료비지원을 위한 다솜이 작은 숨결 살리기"
"단전, 단전될 위기 가정을 위한 빛한줄기 희망나눔"
"검정고시를 준비하는 야학생을 위한 주경야독 기금"
"소외아동의 소원이루기 지원을 위한 소원우체통"
"청소년 환경운동 지원을 위한 한국의 대니서 만들기 기금"

무엇을 하려는 사업인지, 기금인지 한 줄만으로 모든 것이 느껴집니다. 물론, 구체적인 각론에 들어가면 어떻게 진행될 것인지는 알 수 없지만, 하고자 하는 일에 동감하면 후원으로 연결되는 이름들입니다. 상품프로그램의 네이밍이 이와 같이 송곳으로 찌르듯 핵심을 파고 들어 후원자의 가슴을 흔들어 놓을 수 있다면, 이해하지 않고 느낄 수 있게 해야 합니다.

주변 사람에게 끊임없이 물어보라

상품프로그램에서 가장 중요한 것은 바로 네이밍이라는 사실은 결국, 얼마나 많은 사람의 공감을 얻어내느냐의 문제로 바뀝니다. 그렇다면, 많은 사람의 공감을 얻는 이름을 만들기 위해서는 어떻게 해야 할까요? 작명소에 가야 할까요? 관록있는 복지 선배를 찾아가 전수를 받아야 할까요? 저는 무엇보다 주변 사람에게, 그것도 되도록 많은 사람에게 물어보아야 한다고 생각합니다. 어차피 커뮤니케이션의 문제인데, 정답은 사람들에게 물어볼 수밖에 없습니다.

한 두 명이 네이밍을 할 수는 있지만, 최소한 이것이 공감을 획득할 수 있는 네이밍인지는 여러 사람들에게 물어보아야 합니다. "어떠십니까? 느낌이 딱 오나요? 공감이 200% 이루어지나요?"하고 노골적으로 물어보아야 합니다.

얼마 전, 상품프로그램명을 개발하는 과정에서 '행복한 노후 만들기'라는 것을 전 직원 앞에 발표하였는데 전혀 공감을 얻지 못했습니다. 그리고 좀 더 논의를 거친 후에 투박하지만 '독거노인 혼자 돌아가시지는 않아야 할텐데'라는 말이 나왔고, 오히려 이것이 네이밍으로 훨씬 적합하다는 전 직원의 공감이 형성된 적이 있습니다. 물론 좀 더 다듬어야겠지만, 네이밍을 만들어 가는 과정에서 커뮤니케이션이 참으로 중요하다는 것을 느꼈던 때였습니다.

지금 후원상품 프로그램의 네이밍을 해야 합니까? 그렇다면 주변 사람과 꾸준히 커뮤니케이션해야 합니다. 그리고 듣고 말하고, 듣고 말하고를 반복하면서 가장 공감을 일으키는 지점을 찾아야 합니다. 이것이 네이밍의 지름길입니다.

> 지금 후원상품 프로그램의 네이밍을 해야 합니까? 그렇다면 주변 사람과 꾸준히 커뮤니케이션해야 합니다.

5 다양한 상품을 제공해라

선택의 폭을 넓혀라

우리는 여러 가지 중에 고르는 것을 더 좋아하고, 그렇게 해서 구입한 것을 더 소중한 것으로 생각합니다. 그리고 선택은 욕구를 조금이나마 더 정확하게 충족시킬 수 있도록 인도하는 지름길이 될 수 있습니다.

지역사회복지관의 예를 통해 선택할 수 있도록 상품프로그램을 다양하게 개발해야 하는 이유를 설명해 보겠습니다. 지역사회복지관은 다양한 대상에게 다양한 서비스를 제공하고 있습니다. 때로는 이것이 복지관의 정체성을 흔들기도 하고, 존재의 이유를 찾을 수 없게 하기도 합니다. 하지만, 후원과 관련하여 생각할 때에는 그 어떤 곳보다도 다양한 상품을 만들 수 있다는 생각이 듭니다. 최소한 후원과 관련된 관점에서 걸림돌은 오히려 장점으로 활용될 수도 있음을 의미합니다.

생각해 보십시오. 사회복지관은 단종복지관이나 특수복지사업을 수행하는 기관에 비하여 좀 더 많은 상품을 제공할 수 있으며, 이를 후원자로 하여금 선택할 수 있게 함으로써 좀 더 욕구에 맞는 후원을 가능하게 합니다. 즉, 여성, 장애인, 청소년, 아동, 노인 등 계층에 따라 한 가지씩의 상품프로그램을 선정하여 제공하면, 후원자는 이 중에서 자신의 마음에 드는 계층에 후원하고 구체적으로 사업보고를 받게 됨으로써 좀 더 세분화하여 욕구를 충족시키는 전략이 가능해집니다. 후원은 결국 자기만족과 후원금과의 교환이라는 점에서, 욕구를 충족시킨다는 것의 중요성은 더 이상 강조하지 않아도 아실 것입니다. 그리고 욕구를 충족시킨다는 것은 그 욕구를 명확히 세분화하여 핵심을 찔러야 하는 것인데, 이는 상품프로그램의 폭을 넓혀 직접 선택할 수 있도록 함으로써 가능해질 수 있습니다.

> 욕구를 충족시킨다는 것은 그 욕구를 명확히 세분화하여 핵심을 찔러야 하는 것인데, 이는 상품프로그램의 폭을 넓혀 직접 선택할 수 있도록 함으로써 가능해질 수 있습니다.

상품프로그램을 다양하게 개발해야 하는 이유는 욕구충족을 좀 더 세밀히 하기 위해서입니다. 이제 생각해야 하는 것은 우리 복지관의 상품프로그램이 다양하게 마련되어 있는가입니다. 여러분의 복지관은 상품프로그램이 다양하게 구비되어 있습니까?

6 담당 직원이 영업사원이 되어라

누가 가장 잘 설명할 수 있을까?

저는 두 딸이 있습니다. 첫째 딸은 5세 때 스케치북에 그림을 그려 곧잘 제게 가져오곤 했습니다.

"아빠! 잘 그렸지?"

"아이구, 우리 딸이 그렸어?"

"응! 잘했지~"

"근데, 이건 뭐야?"

"어~ 이건 어쩌구, 저쩌구, 저쩌구, 어쩌구. 아빠! 그것도 몰랐어? 이제 알겠지?"

"……"

사실 도대체 뭘 그렸는지 전혀 모릅니다. 하지만, 딸이 하나하나 설명해 주면 그제야 이해가 됩니다. 딸은 제게 '아빠는 그것도 모르냐 는 듯 호통을 치며 돌아가 다시 그림을 그립니다. 제가 아무리 아빠라 하더라도 딸이 그린 그림은 도통 알아보기 힘듭니다. 하지만, 본인은 누구보다 잘 설명해 냅니다. 중간에 찍혀 있는 것은 잘못 그린 것이라는 둥, 이것은 눈이라는 둥, 이것은 엄마가 파마한 모습이라는 둥 — 실제로 엄마는 파마를 하지 않았지만, 딸이 원해서 그려 넣고는 합니다 —, 자신이 직접 그림을 하나하나 설명해 줄 수 있습니다.

복지관도 마찬가지입니다. 복지관은 얼마 되지도 않는 조직을 갖추고 있지만, 솔직히 말해 자신이 직접 담당하는 사업이 아니면 깊이 있는 내용까지 이해한다는 것은 대단히 어렵습니다. 조직 안에서 서로의 이해를 높이자고 아무리 노력해도 실질적으로 상호 이해한다는 것이 대단히 어렵다는 것을 경험으로 알고 있습니다.

그러므로 전 직원이 잘 이해하지도, 설명하지도 못할 상품프로그램을 들고 후원자를 개발하는 것은 어떻게 보면, 신뢰를 잃을 수도 있는 모험일 수 있습니다. 만약, 후원자가 무엇을 물어보았는데 제대로 설명도 하지 못한다면 신뢰를 잃을 수 있기 때문입니다.

그러므로 저는 상품프로그램의 후원자 개발은 결국 사업을 기획하고 진행하는 바로 그 담당자가 주도적으로 해야 한다고 생각합니다. 그 누구보다 그 사업에 대해 최대한으로 설명할 수 있는 능력을 가지고 있기 때문입니다.

담당자가 움직이게 하려면

상품프로그램이라 해도 그 사업이 왜 필요한지, 왜 존재해야 하는지 가장 잘 설명할 수 있는 사람은 바로 담당자입니다. 그러므로 담당자 스스로 자신의 상품프로그램을 설명하고 후원자를 개발할 수 있도록 해야 합니다. 따라서, 상품프로그램은 각 담당자 혹은 담당 부서별로 후원자를 개발·관리할 수 있도록 하는 것이 중요합니다. 특히, 신규후원자를 개발할 때에도 가능하면 각 상품프로그램별로 담당자 및 부서가 주도적으로 개발하도록 해야 합니다. 그래야 후원 개발 시에도 자신감을 가지고, 적극적으로 자신의 사업이 왜 중요한지 후원자에게 설명할 수 있기 때문입니다. 그렇다면 어떻게 해야 할까요?

첫째, 상품프로그램으로 인한 후원 수입금은 상품프로그램 운영에 우선 배정하겠다는 내부적 약속이 있어야 합니다. 후원수입금을 지정기탁이 아닌 일반후원금으로 받도록 하되, 예산 배정 시에는 우선 배정받는다는 믿음을 가지고 있어야 담당자가 주도적으로 적극적으로 움직일 수 있습니다.

둘째, 상품프로그램은 담당자 본인의 핵심사업이 될 수 있도록 배려해야 합니다. 즉, 담당자 본인이 상품프로그램에 대한 애정과 열정을 가질 수 있도록 지원하고 지지하는 것이 필요합니다. 특히, 담당하는 여러 사업 중 상품프로그램에 가장 많은 역량을 투입할 수 있도록 업무량을 조정해주고 인정해 주는 것이 필요합니다. 그리고 무엇보다 담당자가 상품프로그램에 자부심을 가질 수 있도록 사업의 필요성, 사업의 비전 등을 함께 나누고 발표할 수 있도록 기회를 주는 것이 중요합니다. 이러한 과정을 통해 담당자는 상품프로그램에 대한 애정과 자부심을 가질 수 있게 되고, 자신이 담당하는 상품프로그램을 후원자 앞에서도 당당하게 이야기할 수 있습니다.

셋째, 상품프로그램을 가지고 후원자를 개발하러 나갈 때 이를 뒷받침해줄 수 있는 시스템을 제공해 주어야 합니다. 상품프로그램에 맞추어 명함을 제작하고, 상품프로그램만을 설명하는 리플렛을 제공하며, 후원자 개발 표적집단이 실리는 소식지를 만드는 등 실질적 지원을 아끼지 말아야 합니다. 아무리 담당자라 하더라도 후원자 개발은 쉽지 않습니다. 그만큼 기관에서 지원사격을 하고 있음을 담당자가 느낄 수 있도록 해야 하며, 지원사격을 통해 담당자가 용기를 가지고 후원자 개발에 나설 수 있도록 해야 합니다.

> 후원개발은 직원을 평가하는 잣대로 절대 사용하지 않겠다는 약속이 있어야 하며, 오히려 실적에 상관없이 복지관 전체의 발전을 위해 총대를 메고 앞서 실천하는 훌륭한 직원으로 인정하는 분위기를 만들어야 합니다.

넷째, 후원개발 실적을 담당자의 능력으로 평가하는 일이 있어서는 결코 안 됩니다. 후원개발 시 1인당 몇 명, 몇 만 원 이렇게 정해서 후원금을 충당하는 방식을 종종 봅니다. 저는 이러한 후원금 충당 방식은 얻는 것보다 잃는 것이 훨씬 많다고 생각합니다. 이는 몇 만 원과 사회복지사로서의 자존심을 바꾸는 방식이라 생각하고, 특히 후원사업에 있어서 담당자의 적극성을 완전히 소멸시켜 버리는 방식이라 생각합니다. 만약, 후원개발 실적을 담당자의 능력으로 평가한다고 하면, 어느 누가 상품프로그램으로 자신의 프로그램이 선정되기를 바라겠습니까? 아마 어떤 이유를 대서라도 자신의 프로그램이 상품프로그램이 되는 것을 막을 것입니다. 이미 적극성을 잃게 되는 것입니다. 담당자의 적극성이 결여된 상품프로그램이 과연 후원자를 잘 개발할 무기가 될 수 있을까요?

따라서, 후원개발은 직원을 평가하는 잣대로 절대 사용하지 않겠다는 약속이 있어야 하며, 오히려 실적에 상관없이 복지관 전체의 발전을 위해 총대를 메고 앞서 실천하는 훌륭한 직원으로 인정하는 분위기를 만들어야 합니다. 이로써, 담당자는 큰 부담감 없이 최선을 다해 적극성을 이끌어낼 수 있는 분위기가 조성됩니다.

♣ 왜 담당자가 영업사원이 되어야 합니까?

- 간단합니다. 담당자가 상품프로그램을 가장 자신 있게, 정확하게 설명할 수 있기 때문입니다.

- 간단합니다. 후원상품을 잘 설명하지 못하는 기관에 어느 누구도 후원하지 않을 것이기 때문입니다.

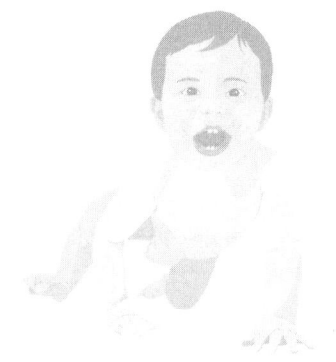

아기에 대해 가장 잘 설명할 수 있는 사람은 바로 엄마!

제4장
후원상품을 판매하고 후원자를 관리하라

4-2 특별한 경험으로 특별한 만족을 제공하는 복지관이 되어라

1. "내가 후원한 곳이야"를 외치게 하라

특별한 경험으로 특별한 만족을 제공하는 대표적인 예
"나와 결혼해 주겠소?"

결정적 시기: 후원하고 난 후

후원자가 자기 만족을 판단하는 시기는 대부분 후원을 한 이후입니다. 복지관은 후원에만 집착한 나머지 후원받는 바로 그 당시를 중요하게 생각하지만, 정작 후원자가 자기만족을 획득하고 후원을 유지하느냐 아니냐를 정하는 결정적 시기인 후원 이후에는 소홀하기 쉽습니다. 그러나 후원 이후의 바로 이 시간에 복지관이 제시한 것에 따라 자기만족의 획득여부는 결정되고, 후원의 유지도 결정됩니다.

많은 후원자가 자기만족을 획득하지 못하고 결국 높은 이탈률을 보이는 이유는 바로 '구매 후 부조화'를 복지관이 적절히 관리하지 못했기 때문이라고 봅니다. 이런 이유로 사과를 수확하지 못하고 매년 비싼 사과를 새로 구입하는 수고를 하는 것입니다.

대부분의 구매자는 물건을 구입한 후에 "내가 잘 산 걸까?"라는 물음을 던지고 그 결과 부족하다고 판단되면 불만족하게 됩니다. 바로 이 현상을 마케팅에서는 '구매 후 부조화'라고 말합니다. 구매 후 부조화가 발생했다는 것은 마치 돈을 빌릴 때에는 간도 쓸개도 다 줄 것처럼 굽신대다가 돈을 빌리고 나면 180도 태도가 달라지는 사람에게서 느끼는 것과 같은 것입니다. 생각했던 것보다 편익이 높지 않아 지불한 금액이 아까워지는 불만족 상황에 놓이게 되는 것입니다.

이러한 '구매 후 부조화'는 복지관 후원자에게도 적용됩니다. 제 판단에 많은 후원자가 자기만족을 획득하지 못하고 결국 높은 이탈률을 보이는 이유는 바로 '구매 후 부조화'를 복지관이 적절히 관리하지 못했기 때문이라고 봅니다. 이런 이유로 사과를 수확하지 못하고 매년 비싼 사과를 새로 구입하는 수고를 하는 것입니다.

그렇다면 복지관은 무엇으로 '구매 후 부조화'를 관리할 수 있을까요? 저는 여기서도 중요한 역할을 하는 것이 바로 소식지와 보도자료, 그리고 구전이라고 생각합니다. 복지관이 무엇을 하고 있는지 후원자에게 꾸준히 보고되는 것과, 또 상황상황에서 보이는 것이 대단히 중요합니다. 소식지를 보면서, "후원하기를 잘했구나"라

> 후원자는 돈을 버리는 사람이 아닙니다. 교환하는 사람이기 때문에 후원 후에 자신이 후원을 잘했다는 증거를 발견하고자 합니다.

는 생각이 들도록 해야 하며, 보도자료를 통해 "야~여기, 내가 후원하는 곳인데 신문에 났네"하는 뿌듯함을 이야기할 수 있도록 해야 합니다. 그리고 주변의 후원하는 사람들도 거기에 만족하는 이야기들을 함으로써 사회적 증거를 얻게 되면 더 이상 자신의 선택이 틀렸다는 근거를 찾을 수 없게 됩니다. 이를 좀 더 브랜드로 해석해보면 복지관 브랜드를 통해 얻게 되는 편익이 기대수준 또는 그 이상으로 증가되어 제공된 셈이 되고, 결국 후원자의 자기만족으로 이어진 것입니다.

기억해야 합니다. 후원자는 돈을 버리는 사람이 아닙니다. 교환하는 사람이기 때문에 후원 후에 자신이 후원을 잘했다는 증거를 발견하고자 합니다. 그 때 복지관은 소식지와 보도자료, 사회적 증거인 구전 등을 통해 증거를 던져주는 일을 수행해야 합니다.

후원자를 뜨내기 후원자로 대우하면 뜨내기가 되고, 단골 후원자로 대우하면 단골후원자가 됩니다. 기억하십시오. 후원자는 단순히 돈만 내는 사람이 아니며, 후원자가 만족하기 위해서는 후원금을 내고 난 이후가 더 중요합니다. 후원자가 자신의 결정이 옳았다고 믿을 수 있도록 근거를 제시하는 것이 중요합니다.

2 후원자 관리시스템을 강화하라

관리시스템에 의존하는 후원자

앞서 복지의 제품은 프로그램과 커뮤니케이션이라고 했습니다. 커뮤니케이션에는 많은 영역이 있을 수 있으나, 복지관에서 후원자와의 커뮤니케이션은 후원자 관리시스템과 경험이 핵심입니다. 그리고 크게 확장해 보면 후원자 관리시스템도 후원자 입장에서는 바로 경험이 됩니다. 그러면, 먼저 후원자 관리시스템을 살펴보겠습니다.

> 후원자가 자기만족을 얼마나 획득하느냐의 문제는 후원자 관리시스템이 후원자의 욕구에 얼마나 정확하게 맞춰져서 진행되고 있느냐에 따라 판가름납니다.

후원자 관리시스템이란 후원자를 대상으로 하여 후원자의 자기만족을 높이는 복지관의 작업입니다. 그리고 후원자가 자기만족을 얼마나 획득하느냐의 문제는 후원자 관리시스템이 후원자의 욕구에 얼마나 정확하게 맞춰져서 진행되고 있느냐에 따라 판가름납니다. 따라서, 후원자 관리시스템이 후원자의 후원동기를 유지시키고 후원행위에 많은 영향을 미친다는 것은 당연한 일일 것입니다.

특히, 후원자는 특별한 행동 특성을 가진다는 점 때문에 후원자 관리시스템의 중요도는 더욱더 높아집니다. 후원자는 자신의 피 같은 돈을 후원하면서도 정작 복지관을 방문하는 경우가 거의 없습니다. 만약 복지관을 방문한다 하더라도 복지관 직원을 만나 사업 결과를 듣고 갈 뿐이지, 실제로 지원하는 프로그램 또는 가정을 만나고 가는 경우는 거의 없습니다. 돈은 낼 수 있지만 그 외의 시간을 더 내야 한다고 말씀드리면 대부분 부담스러워 하십니다. 그만큼 후원자는 대상자와도 분리되어 있고 복지관과도 가깝지 않습니다.

따라서, 후원자는 후원자 관리시스템에 의존하고 있으며, 이를 근거로 해서 후원의 적합성과 만족성을 판단한다 해도 과언이 아닙니다. 만약, 후원자 관리시스템이 엉망이라면 아무리 좋은 프로그램 결과가 있다 하더라도 후원자는 자기만족을 획득하기 어려울 것입니다. 실제 프로그램 결과의 우수함과는 상관없이 후원자는 후원자 관리시스템에 상당 부분을 의존하고 있기 때문에 후원자 관리시스템이 실제 결과를 제대로 반영하지 못하면 후원자는 프로그램 자체도 제대로 수행되지 못한다는 판단을 할 수 있기 때문입니다.

따라서, 복지관은 무슨 수를 써서라도 후원자를 만족시킬 수 있는 후원자 관리시스템 구축에 총력을 기울여야 합니다. 그리고, 이 후원자 관리시스템이 후원자 입장에서는 복지관을 판단하는 거의 유일한 제품임을 깨닫고 자기만족을 제공하기 위해 최선의 노력을 다해야 합니다.

어느 누구도 자신이 피땀 흘려 후원한 돈을 쓸모없는 곳에 사용했다는 이야기를 듣고 싶어하지 않습니다. 또한 피땀 흘려 후원한 돈의 결과보고를 뭉뚱그려 듣고 싶어하는 사람은 아마 아무도 없을 것입니다. 후원자는 자신의 돈이 정말 가치있는 곳에 쓰여졌다고 듣고 싶어하고, 구체적으로 어떻게 사용되었는지 듣고 싶어합니다. 즉, 자기만족을 위해 우리에게 요구하고 있는 것입니다.

복지관은?

　복지관의 후원자 관리시스템을 살펴보면, 후원자의 마음을 제대로 읽지 못하는 듯 보입니다. 복지관 후원자 관리시스템은 엉성하기 짝이 없으며, 후원자에게 보낼 사업보고서를 작성할 때에도 후원 담당직원이 이를 작성하게 함으로써 구체적이지 않으며 대단히 개괄적인 사업보고를 보내기 일쑤입니다. 즉, 후원자 관리시스템이 제품이라 생각하지 못하는 것입니다. 다만 후원금을 입금했으니 행정적으로 처리해야 하는 감사편지 정도로 생각한 결과입니다. 따라서, 후원자는 자기만족을 느낄 수 없게 됩니다. 이렇게 되면, 후원자는 자신이 지불한 돈에 비하여 너무나 초라한 커뮤니케이션을 받게 되고 결국 후원에 대한 동기를 상실하게 됩니다. 자신이 지불한 비용에 비하여 적은 만족을 얻게 되는 교환이라면 어떤 사람이 이를 지속할까요? 아마도 결국 비용 지불을 꺼리게 될 것입니다.

프로그램 담당자가 직접 보고하라

　그렇다면 복지관은 어떻게 해야 할까요? 당연히 후원자 관리시스템을 정비해야 합니다. 후원자로 하여금 후원하기를 잘했다는 생각을 할 수 있도록 후원자 관리시스템이 철저히 준비되어야 합니다. 이를 위해 후원 담당직원은 시스템을 구축하고 운영하는 데 집중하되, 프로그램의 성과 및 감동을 전하는 성과보고는 프로그램 담당직원이 직접 작성해야 합니다. 프로그램 담당직원이 직접 결과보고

> 후원금이 직접 사용된 프로그램 담당자의 살아있는 결과보고와, 후원자로 하여금 불편하지 않게 후원의 성과보고를 받을 수 있도록 하는 시스템, 이 두 가지가 서로 유기적으로 어우러질 때 비로소 후원자는 만족할 수 있게 되고, 자신이 지불하는 돈이 아깝지 않게 됩니다.

를 작성하는 것은 후원자의 만족을 높이는 가장 기본적인 방법입니다. 누구보다 그 프로그램의 내용과 성과를 구체적으로 제일 잘 아는 사람이기 때문입니다. 후원금이 직접 사용된 프로그램 담당자의 살아있는 결과보고와, 후원자로 하여금 불편하지 않게 후원의 성과보고를 받을 수 있도록 하는 시스템, 이 두 가지가 서로 유기적으로 어우러질 때 비로소 후원자는 만족할 수 있게 되고, 자신이 지불하는 돈이 아깝지 않게 됩니다.

그리고 후원자에게는 이것이 새로운 경험이 됩니다. 사실 복지관별로 제공되는 서비스라는 것이 후원자 입장에서는 어떤 복지관의 서비스가 훨씬 효과적인지 판단하기 어려운 것이 사실입니다. 복지관의 서비스만 비교해서 복지관들 간의 차이를 후원자가 구분하지 못하는 것은 오히려 당연합니다. 이렇게 서비스 자체가 차별성을 주지 못할 때에는 후원자에게 있어 후원자 관리시스템을 통한 차별적 경험은 그 복지관에 대한 차별성을 확실히 만들어 줄 수 있습니다. 비슷한 제품이라 하더라도 AS로 인해 차별성을 획득한 삼성전자처럼 복지관도 후원자 관리시스템을 통해 차별성을 획득할 수 있다는 것입니다. 따라서, 후원자 관리시스템, 바로 이것이 브랜드 전략에서 중요한 부분을 차지합니다. 이것은 다른 곳과의 차별성을 만들어 내는 경쟁력의 핵심적인 요소입니다. 물론 이를 위해서는 상품프로그램의 성과가 무엇보다 중요합니다. 거짓말로 사업보고를 할 수는 없을 테니 말입니다.

이제 정리하면, 구매자는 보통 제품을 통해 자기만족을 성취합니다. 복지관도 제품이 있습니다. 바로 상품프로그램의 완성도와 이를 후원자에게 제대로 차별적으로 보고하는 관리시스템이 그것입니다. 상품프로그램을 통해 성과를 만들어 내고, 이 성과를 후원자에게 감동적으로 전달함으로써 후원자는 자기만족을 경험·성취하게 됩니다.

> 구매자는 보통 제품을 통해 자기만족을 성취합니다. 복지관도 제품이 있습니다. 바로 상품프로그램의 완성도와 이를 후원자에게 제대로 차별적으로 보고하는 관리시스템이 그것입니다.

따라서, 복지관은 상품프로그램과 후원자 관리시스템에 총력을 기울여야 합니다. 핵심경쟁력에서 우위를 지킬 수 있도록 최선을 다해야 하는 것입니다. 그러면 구체적으로 어떻게 해야 이를 만들어 낼 수 있을까요?

후원 담당직원은 필수

사회복지사 최종복 선생님의 석사학위 논문을 살펴보면 복지관의 후원활성화 정도는 후원 담당직원의 유무에 따라 영향을 받습니다. 물론 당연한 결과입니다. 하지만 여기서 말하는 후원 담당직원에는 다른 업무를 수행하면서 후원을 겸직으로 맡고 있는 사회복지사도 포함되었다는 점을 생각해보아야 합니다.

후원 전담직원이 있고, 그 전담직원이 후원만 맡아서 추진하면 얼마나 좋겠는가 생각할 수 있습니다. 하지만 대부분의 복지관은 후원 전담직원을 따로 둘만큼 넉넉하지 못한 실정입니다. 오히려 후원 담당이라 해도 총무과의 일을 함께 처리한다든지, 사업부의 일도 함께 한다든지 하는 상황이 대부분입니다. 물론, 이렇게 겸직하는 것이 무슨 효과가 있겠느냐고 생각할 수 있겠지만, 복지관 내에서 후원에 대해, 브랜드에 대해 생각하는 사람이 있느냐, 없느냐에 따라 복지관 브랜드 및 후원은 분명히 영향을 받게 되어 있습니다. 최소한 기관 내 한 명은 최소한 짧게라도 후원과 브랜드에 대해 생각하고 있기 때문입니다. 하지만, 담당자를 아무도 선정하지 않고 직원 전체가 담당

> 감사편지에서 가장 에센스라고 할 수 있는 부분은 바로 감동을 이끌어내는 사업보고 부분이 되어야 합니다.

하자라고 결정해 버리면 결국 어느 누구도 생각하지 않습니다. 나의 일이 아니기 때문입니다. 따라서, 겸직이라 하더라도 후원 또는 브랜드 담당직원은 반드시 선정되어야 합니다.

후원자 대상 매뉴얼 개발

복지관에서 후원을 중요시 생각하면서도 정작 구체적인 사항에 대해서는 직원이 잘 모르는 경우가 많습니다. 후원계좌가 어떻게 되는지, 후원 관련하여 정확히 혜택이 무엇인지, 지정기탁과 일반후원의 차이가 무엇인지, 후원영수증은 언제 발급되는지, 후원영수증은 연말정산을 위해 어떻게 처리해야 하는지 등등. 물론, 직원이 모를 수 있습니다. 하지만, 후원자 입장에서 차별적인 경험을 제공받았다고 생각할 수 있으려면 최소한 후원자에 대한 기본적인 안내는 그 자리에서 바로 이루어져야 합니다. 따라서, 이를 매뉴얼화하여 어떤 직원이 안내 요청을 받는다 하더라도 안내할 수 있도록 시스템을 갖추어야 합니다.

감사편지의 구성

감사편지는 후원자로 하여금 자기만족을 획득하느냐 못하느냐에 결정적인 영향을 주는 것으로 생각할 수 있습니다. 왜냐하면, 감사편지 안에 후원금에 대한 사용처와 이로 인한 성과를 보고하게 되기 때문입니다. 이 내용이 얼마나 성실하고 감동적이냐에 따라 감사편지는 행정적 절차가 될 수도 있고, 후원자의 자기만족을 이끌어내는 도구가 될 수도 있습니다.

따라서, 감사편지 안에는 반드시 담당직원이 직접 작성하는 보고란이 있어야 합니다. 담당직원이 아니면 구체적인 내용과 성과를 표현할 수 없기 때문입니다. 감사편지에서 가장 에센스라고 할 수 있는 부분은 바로 감동을 이끌어내는 사업보고 부분이 되어야 합니다.

> 복지관과 후원자가 서로의 가치를 교환하지 않으면 복지관은 언제까지고 구걸의 단계에서 벗어나지 못하게 됩니다.

그리고 ETC.

위에 설명한 것 외에도 적용할 수 있는 후원자 관리시스템은 많이 있습니다. 홈페이지를 통한 편리한 인터넷 후원, SMS를 통한 문자 안내 서비스, 고전적인 안내 전화 등등. 이러한 것들을 어떻게, 어떤 목적으로 운영해야 할까요?

앞서도 말씀드렸지만 후원자 관리시스템의 목적은 복지관의 의무를 다했다는 것을 뛰어 넘어 고객인 후원자가 자기만족을 획득할 수 있도록, 즉 후원자의 돈과 자기만족이 대등하게 교환될 수 있도록 하는 데 있습니다. 결국, 후원자 관리시스템의 목적은 자기만족의 획득이 되어야 합니다. 그리고 이것 또한 상품프로그램의 일부분이 되어 색다른 서비스를 제공하는 것으로서 후원자에게 차별적 상품으로 인식될 수 있도록 관리해야 합니다.

복지관과 후원자가 서로의 가치를 교환하지 않으면 복지관은 언제까지고 구걸의 단계에서 벗어나지 못하게 됩니다. 그리고 떠나가는 후원자의 마음을 뒤로 하고 밑빠진 독에 물 붓는 것처럼 언제까지나 새로운 후원자를 개발하는 데에만 노력할 것입니다. 후원자를 새로 개발하는 것이 100배는 더 힘이 드는데도 말입니다.

3 어느 정도의 예산을 투입해야 할까?

무엇을 위한 공격적 마케팅인가?

최근 사회복지관도 경쟁이 치열해지면서 공격적 마케팅이라는 이야기를 자주 듣습니다. 감사편지 안에 선물도 넣고 다양한 혜택을 주는 등 후원자에게 많은 투자를 하는 후원자 관리 방법을 사용하고 있습니다. 그리고 이것을 공격적 마케팅이라고 이야기합니다.

이렇게 공격적 마케팅이라는 이야기를 타 기관으로부터 들으면 대부분의 기관은 자신의 기관만 뒤쳐지는 것이 아닌가 하는 의구심과 조바심을 가집니다. 뒤쳐진다는 조바심을 가진 기관장은 기관 후원담당자에게 공격적인 후원사업을 기획하라고 합니다. 후원담당자는 공격적 마케팅을 펼치라는 이야기를 들었으니, 감사편지에 이것저것 퍼드릴 수 있는 방법을 생각하고 후원자에게 그대로 합니다.

그런데 잠시 멈추어 살펴보겠습니다. 무엇을 위한 공격적 마케팅일까요? 후원자에게 다양한 혜택과 선물, 기념품을 제공하는 것이 과연 공격적 마케팅인가요? 만약 이것이 공격적 마케팅이라면 어느 정도의 예산을 들여야 효과성을 극대화할 수 있을까요? 구체적인 이익은 얼마로 생각하고 공격적 마케팅을 수행하는 것일까요?

저는 공격적 마케팅이라는 개념에서 정말 중요한 효율성^{이익}은 상실된 경우를 종종 보았습니다. 뒤쳐진다는 조바심으로 인해 효율성은 잊은 채 '우리도…' 하면서 무작정 따라하는 것입니다. 하지만 공격적 마케팅은 무조건 퍼주는 것이 결코 아닙니다. 마케팅의 기초는 투입 대비 이익의 극대화입니다. 아무리 많이 퍼준다 하더라도, 투입한 양에 비하여 이익이 적다면 올바른 선택이 아니라는 것입니다. 효율성을 생각하지 않는 '공격적 마케팅'은 말만 공격적 마케팅이지, 실제로는 '무모한 공격'일 수 있습니다.

> 공격적 마케팅은 무조건 퍼주는 것이 결코 아닙니다. 마케팅의 기초는 투입 대비 이익의 극대화입니다.

투입되는 예산은 어느 정도가 적당할까?

한 복지관에서 50명이 후원을 하고 있습니다. 50명은 1만 원씩 매월 50만 원의 후원을 합니다. 그렇다면 복지관의 1년 후원금은 얼마일까요? (50명×1만 원×12개월 = 600만 원)입니다. 1년 후원금으로 들어오는 금액이 600만 원입니다. 우리는 흔히 여기까지만 생각합니다. 들어오는 후원금만 생각하는 겁니다. 이러한 경향 때문에 후원 총액에만 관심을 가져 후원총액이 많을수록 좋아합니다. 물론 맞는 말입니다. 후원총액이 많으면 당연히 좋은 일이지요. 하지만, 이와 함께 중요한 것이 하나 더 있습니다. 바로 후원금을 모집하기 위해 들어간 비용이 얼마냐가 더 중요할 수 있습니다.

후원총액이 640만 원이라 해도 총 후원관리비용이 400만 원 들어간 A복지관과 후원총액이 280만 원이라 하더라도 후원관리비용이 40만 원 들어간 B복지관! 두 군데 모두 후원금 240만 원의 수익이 있습니다. 여러분은 어떤 복지관이 후원사업을 더 잘했다고 하시겠습니까? 후원총액이 큰 A복지관입니까? 후원총액은 작아도 같은 후원수익을 이끈 B복지관입니까? 좀 더 보기 쉽게 정리해 볼까요?

A복지관은 투입비용에 대한 이익을 비교하면 약 60%의 수익을 보입니다. B복지관은 투입비용에 대한 이익을 비교하면 약 600%의 수익을 보입니다. A복지관은 100이라는 수익을 위해 62.5%의 투입이 필요한 시스템이고, B복지관은 100이라는 수익을 위해 14.28%의 투입이 필요한 시스템입니다. A복지관은 월 1만 원 후원자 한 명을 개발하면 수익이 월 3,750원 발생하고, B복지관은 월 1만 원 후원자 한 명을 개발하면 수익이 월 8,571원 발생합니다. 같은 240만 원을 벌었지만 어느 기관이 최소한의 투자로 최대의 효과를 보았고, 어느 기관이 훌륭한 후원자 관리시스템을 갖추고 있으며, 장기적으로 후원자가 개발될수록 후원금 수익이 높아질 기관은 어느 기관일까요?

흔히 A복지관은 다른 기관에서 부러워하는 공격적 마케팅을 했습니다. 하지만, 제 생각을 솔직히 말하면 A복지관은 마케팅과 상관없는 공격만 했다고 생각됩니다. 궁극적인 목적은 상실한 채 그 겉모양만 따온 것일 수 있습니다. 카드사에서 수많은 포인트제도, 보너스제도 등을 사용하니까 복지관도 무작정 따라한 것입니다.

1년, 2년 두고 보면서 적정 투입처와 투입비용을 찾아라!

그러므로, 무작정 투입을 높여 수입만 최대화하려 하지 말고, 최대한의 이익을 볼 수 있는 관리시스템을 갖추고, 그 관리시스템에서 최대한으로 수익을 거둘 수 있는 투입수준을 찾아야 합니다. 투입이 많다고 해서 수익률이 최대화되지 않으며, 투입이 너무 작아도 수익률이 최대화되지 않기 때문입니다. 그러므로 1년 동안 복지관 후원과 관련된 다음의 항목을 조사할 필요가 있습니다: 연간 후원총액, 연간 후원자 관리비용총액, 후원자 수, 1년 내 후원자 탈락률, 1년 내 신규 후원자 수.

> 겉모습만 그럴듯한 공격적 마케팅은 잊어야 합니다. 기관 현황을 명확히 파악해야 하며, 지금 우리 기관의 후원금 이익을 최대화할 수 있는 지점을 정확히 공격하여 문제점을 해소할 수 있어야 합니다.

    이러한 사항에 대한 조사가 이루어지면, 각 상황에 따라 투입지점을 다르게 선정할 필요가 있습니다. 먼저, 후원자 탈락률을 살펴보아야 합니다. 첫째, 후원자 탈락률이 높다면 후원자 관리시스템에 비용을 우선 투입해 후원자 관리시스템을 안정적으로 갖추는 것이 필요합니다. 후원자 탈락률이 높다는 것은 투입된 비용에 비하여 장기적 손실률이 높음을 의미합니다. 당연히 후원자 관리시스템의 관리비용을 공격적으로 투입할 필요가 있습니다.

    둘째, 후원자 탈락률이 낮다 하더라도 후원총액 대비 후원자 관리비용총액이 너무 높다고 판단되면, 후원자 탈락률을 높이지 않으면서 관리비용을 줄일 수 있는 방안을 찾아야 합니다. 관리비용이 높다는 것은 후원자 신규개발 시에도 획득할 수 있는 이익이 그만큼 줄어든다는 것을 의미하기 때문입니다 — 앞의 A복지관과 같은 경우는 곤란합니다 —.

    셋째, 후원자 탈락률은 낮고 후원총액 대비 후원자 관리비용총액이 적정하다 판단되면, 신규 후원자 개발에 좀 더 집중할 필요가 있습니다. 따라서, 후원자 개발비용에 관리비용을 증액하여 공격적으로 투입할 필요가 있습니다.

    요컨대, 겉모습만 그럴듯한 공격적 마케팅은 잊어야 합니다.

기관 현황을 명확히 파악해야 하며, 지금 우리 기관의 후원금 이익을 최대화할 수 있는 지점을 정확히 공격하여 문제점을 해소할 수 있어야 합니다. 이러한 판단을 종합할 때 적정한 예산이 나오게 될 것입니다. 남들 한다고 따라하다가는 다리가 찢어질 수 있으니 조심해야 합니다.

4 정기적 체험: 후원자에게 3개월에 한 번씩 색다른 체험을 제공해라

후원자에게 체험의 제공

후원에 있어서 후원자의 체험의 중요성은 앞부분에서 말씀드렸습니다. 비슷한 성능을 가진 제품 중에서 차별성을 만들어낼 때에는 색다른 체험을 제공하면 차별성을 얻게 됩니다. 후원자에게 브랜드의 차별성을 강조하고 후원자로 하여금 장기후원자로 유지될 수 있도록 하기 위해서는 후원자에 대한 감사편지만으로는 부족합니다. 이 외에 색다른 체험을 제공하는 것이 필요합니다. 이러한 체험은 바로 복지관에서 흔히 수행하는 '후원자 초청의 밤'과 같은 후원자 모임 프로그램입니다. 하지만, 이를 색다른 체험의 제공 차원에서 생각해 보면 조금 약한 듯 느껴집니다. 1년에 한 번 하는 행사만으로 색다른 체험을 제공했다고 보기에는 부족하기 때문입니다.

후원자에게 직접적으로 복지서비스를 체험해 보게 하는 프로그램을 좀 더 개발할 필요가 있으며, 이와 함께 직접체험의 시간이 없는 후원자를 위해 경험했던 내용을 알려드림으로써 간접체험을 할 수 있도록 해야 합니다. 이러한 프로그램들은 기관에서 충분히 생각해 낼 수 있는 것들입니다. 직접체험을 위해서 일일사회복지사 체험, 일일관장 체험, 일일클라이언트 체험 등의 행사가 있을 수 있습니다. 이렇게 차별적인 경험을 제공함으로써 후원자는 복지관을 확실히 차별적으로 인식하게 될 것입니다.

이러한 체험은 3개월마다 제공할 수 있어야 합니다. 그 이상 벌어져서 체험이 제공되면 사람들의 기억 속에서 잊혀져 가기 때문에 체험 제공의 효과가 떨어질 수 있습니다. 물론 3개월에 한 번씩 후원자를 대상으로 이러한 체험을 제공한다는 것이 너무 큰 일처럼 보일 수 있습니다. 하지만, 이는 운영의 문제입니다. 예를 들어, 체험을 제공하되 충성후원자로 인원을 제한하여 체험을 제공할 수도 있습니다. 또, 전체 후원자에게 안내편지를 발송하고 체험신청을 받은 후 신청자 중에서 선발하는 것도, 행사규모는 줄이면서 안내는 크게 할 수 있는 좋은 방법이 될 수 있습니다. 이와 같이 제한된 인원에 특별한 체험을 제공한다고 생각하면 좀 더 작고 쉽게 수행할 수 있는 일이 될 수 있습니다.

알려서 간접체험을 하게 하라

이와 같이 특별한 경험을 제공하면 결국 소수의 후원자만이 체험할 수 있게 됩니다. 따라서, 이러한 특별 체험의 내용은 반드시 복지관에서 활용하는 매체를 통해 후원자에게 활용되어야 합니다. 매체들을 통해 체험에 참여하지 못한 후원자들에게 간접체험의 기회를 제공하는 것입니다. 간접체험을 위해서 소식지나 신문을 활용할 수도 있을 것이며 지역 케이블TV와 협력하여 방송에 나가도록 하는 것도 좋은 방법이 될 것입니다.

간접체험을 하게 하면 어떤 점이 좋을까요? 일단, 후원자들에게 같은 후원자의 특별한 경험을 보여주면, 후원자 개인은 복지관 후원자라는 것에 대하여 특정한 이미지를 가질 수 있게 됩니다. 즉, 훌륭한 사람이라든가, 다른 사람을 사랑하는 사람이라든가 하는 후원자 자체에 대한 긍정적인 이미지를 가지게 됩니다. 또한, 자신도 후원자이므로 긍정적인 후원자 이미지는 자신에게도 투영되고, 자신도 긍정적인 사람이라고 생각하게 됩니다. 매체에 실린 그 사람 대신 내가 그 자리에 있을 수도 있었으며, 만약 내가 나갔어도 저 사람처럼 보였을 것이라는 자신의 이미지를 가지게 되는 것입니다. 이는 결국 자기만족에 긍정적인 영향을 미칠 수 있습니다.

> 후원자는 차별적 경험을 통해 자기만족을 더 확실히 가지게 되고 복지관 후원사업에 대하여 차별적으로 인식하게 되며, 결국 후원사업의 활성화로 이어질 수 있는 기반이 될 것입니다.

게다가, 이 매체들이 가족에게 알려지게 되면 후원자 이미지는 더욱더 자신에게 강력하게 적용되는 경험을 하게 됩니다. 단지 내가 하지 않았을 뿐이지, 같은 후원자로서의 뿌듯함을 가지게 되고, 가족들로부터도 인정받는 경험을 하게 됩니다. 한 논문에서는 주변 사람들이 후원하는 사실을 아는 경우 후원의 지속성이 훨씬 높아진다는 조사 결과를 발표한 적이 있습니다. 이 역시 주변사람으로부터 긍정적인 경험을 받게 되면 자기만족 정도가 높아서 후원이 지속된다는 것을 증명합니다.

기억하십시오. 후원자에게 특별한 체험을 제공해야 확실한 차별성을 획득할 수 있습니다. 이를 위해서 복지관은 제한된 인원을 대상으로 제공 가능한 특별한 직접체험을 제공해야 합니다. 그리고 복지관 매체를 적극 활용하여 나머지 후원자에게도 이를 제공함으로써 이들에게도 후원자에 대한, 자신에 대한 주변으로부터 인정받는 경험의 기회를 만들어 주어야 합니다. 그러면 후원자는 차별적 경험을 통해 자기만족을 더 확실히 가지게 되고 복지관 후원사업에 대하여 차별적으로 인식하게 되며, 결국 후원사업의 활성화로 이어질 수 있는 기반이 될 것입니다.

5 깊이 있는 페이지: 기능적 브랜드, 상징적 브랜드, 경험적 브랜드

세 가지 브랜드 유형

브랜드는 크게 3가지 유형이 있다고 정리되고 있습니다. 그것은 기능적 브랜드, 상징적 브랜드, 경험적 브랜드입니다. 먼저, 기능적 브랜드는 소비자들의 기능적인 필요를 만족시키기 위해서 구매되는 것입니다. 예를 들어, 김치를 오래 보관한다든지, 두통을 빨리 없애는 것 등이 기능적인 목적이라고 할 수 있습니다.

둘째, 상징적 브랜드는 주로 이미지를 소비자에게 제공함으로써 가치를 만들어 냅니다. 즉, 제품을 구매함으로써 제품이 가지고 있는 이미지를 구매한다고 보는 것입니다. 예를 들어, 한국의 상황에서는 중형 자동차가 이를 잘 표현하리라 생각됩니다. 특히, 고급 승용차의 경우에는 자동차를 산다기보다는 사회적 지위를 산다고 하는 것이 훨씬 맞아떨어지는 경우가 많습니다. 아무리 기능이 뛰어나도 중후함이 없으면 중형 고급자동차는 팔릴 수 없습니다.

셋째, 경험적 브랜드는 소비자가 그 브랜드와의 상호작용에서 어떻게 느끼느냐에 초점을 맞춰 경험을 제공하는 브랜드입니다. 에버랜드, 롯데월드는 그 대표적인 예입니다. 사람들은 에버랜드에 와서 그곳에서 제공하는 갖가지 새로운 경험과 이를 통해 느껴지는 갖가지 감정들을 구매합니다.

사회복지의 브랜드 유형은?

간단하게 3가지 브랜드의 유형을 살펴보았습니다. 그러면 사회복지는 과연 이 3가지 중 어디에 속할까요? 저는 상징적 브랜드와 경험적 브랜드의 경우를 잘 살펴보는 것이 사회복지 브랜드 전략에 유용할 것이라 생각합니다. 이를 위하여 먼저 사회복지의 대상인 시민을 구분해 보고 이에 따른 브랜드 유형을 찾아보도록 하겠습니다.

저는 사회복지 브랜드 전략의 대상인 시민을 다음과 같이 구분할 수 있다고 생각합니다. 첫째, 복지관과 상관없는 층입니다. 물론, 이들은 복지관에 대한 긍정적 이미지를 가지는 사람과 아예 무관심한 사람들을 포함합니다. 둘째, 복지관에 참여하는 층입니다. 이들은 복지관에 후원 등과 같은 형태로 기여하고 참여하는 사람들입니다.

이제 복지관과 상관없는 대상층에 적합한 브랜드 유형을 살펴보겠습니다. 대상을 좀 더 살펴보겠습니다. 복지관과 상관없는 사람들에게는 복지관이라 하면 기본적으로 좋은 일을 하는 곳이라는 긍정적인 이미지는 있을 수 있으나, 이 이미지의 정도가 얕아서 후원까지 연결되지 못하고 있는 상태입니다. 또는 아예 관심이 없는 상태이기도 합니다. 그렇다면 복지관의 입장에서 이들에 대한 목표는 무엇이 되어야 할까요? 이들이 복지관의 잠재적 후원자가 되고, 결국 후원자가 될 수 있도록 하는 것입니다.

하지만, 일반 시민은 특별한 경우 ^(사회교육)를 제외하고는 단 한 번도 복지서비스를 이용하지 않는 것이 보통입니다. 이렇게 복지관과 접촉할 가능성이 낮은 사람들에게 기능과 경험을 제공하는 것은 어떨까요? 상당히 어려운 일입니다. 따라서, 가장 효과적인 것은 기능이나 경험을 제공하기보다는 '복지관의 후원자가 되면 어떠한 이미지를 가질 수 있다는 구체적인 가치^(이미지)를 제공' 하는 것입니다. 복지관과 참여자에 대한 긍정적 이미지를 제공함으로써 복지관의 후원자가 되도록 합니다.

> 복지관이 일반 시민을 대상으로 긍정적 이미지를 제공하는 것은 후원자를 개발하는 것보다 훨씬 더 크고 중요한 생존 작업이 될 수 있습니다.

이와 함께, 일반시민을 대상으로 상징적 브랜드를 선택해야 하는 이유가 또 한 가지 있습니다. 바로 복지관의 생존이 시민에게 달려있기 때문입니다. 앞으로 복지관의 존폐 및 복지관 위탁 변경에는 시민의 힘이 지금보다 더 크게 작용할 것입니다. 우리 사회가 시민사회로 발전하면서 시민의 참여와 권한은 더 강화될 것이기 때문입니다. 따라서, 복지관이 일반 시민을 대상으로 긍정적 이미지를 제공하는 것은 후원자를 개발하는 것보다 훨씬 더 크고 중요한 생존 작업이 될 수 있습니다. 어쩌면 이것이 일반 시민을 대상으로 상징적 브랜드를 선택해야 하는 더 크고 중요한 이유입니다.

이제 복지관에 참여하는 후원자 층을 살펴보겠습니다. 저는 상징적 브랜드를 기본으로 한 경험적 브랜드가 적합하다고 생각합니다. 이유는 다음과 같습니다. 일단, 후원자 층은 복지관에 참여하는 층이며 적극적 지지자입니다. 하지만 복지관을 방문한다든가, 복지관의 서비스에 참여하는 경우는 거의 없습니다. 그리고 참여를 요청해 보아도 실제 참여하는 인원은 전체 후원자 중 얼마 되지 않습니

> 상징적 브랜드 유형에 따라 후원자와의 커뮤니케이션을 통해 "후원자의 후원행위로 인해 많은 도움이 되었고, 이를 통해 당신은 중요한 사람"이라는 메시지를 끊임없이 제공해야 합니다.

다. 그렇다고 해서 후원자가 후원만 하고 복지관의 성과 등에 대하여 관심이 없느냐를 살펴보면 또 그렇지도 않습니다. 후원의 성과를 통해 후원자도 만족하기 원하는 것은 너무나 당연합니다. 요컨대, 복지관에 후원자로 참여하여 만족감은 얻고자 하되, 많은 시간을 내어 참여하는 것은 부담스러워하는 것입니다.

따라서, 복지관은 후원자의 만족감을 최대화할 수 있는 방안을 찾아야 합니다. 무엇일까요? 바로 커뮤니케이션과 경험입니다. 복지 서비스를 통해 다른 사람에게 도움을 주었다는 커뮤니케이션과 경험을 후원자에게 제공함으로써 결국 만족감을 최대화할 수 있도록 해야 합니다. 이를 위해 복지관은 상징적 브랜드 유형에 따라 후원자와의 커뮤니케이션을 통해 "후원자의 후원행위로 인해 많은 도움이 되었고, 이를 통해 당신은 중요한 사람"이라는 메시지를 끊임없이 제공해야 합니다. 또한 직접적 체험의 기회(일일자원봉사자, 후원자회의, 후원자의 밤 등) 뿐 아니라, 소식지 등을 통해 서비스 참여에 대한 간접 체험을 제공함으로써 만족감을 가지도록 해야 합니다. 이로써 만족감을 최대화하도록 하여, 후원을 유지하고 또 스스로 전파할 수 있는 대상층이 될 수 있도록 해야 합니다.

사회복지의 브랜드 유형은 무엇이 되어야 할까요? 저는 상징적 브랜드와 경험적 브랜드를 잘 활용해야 한다고 생각하며, 이 2가지 중 상징적 브랜드가 1순위로 적용되고, 경험적 브랜드로 강화·확장되어야 한다고 생각합니다.

제5장
내가 준비되어야 가능한 것이다

1 내부 커뮤니케이션: 준비된 자가 승리한다

만세운동에는 참여할 마음이 없다

기미년 3월 1일, 독립선언서가 낭독되고 3.1만세운동이 전국적으로 펼쳐지고 있었습니다. 다음은 그 당시 안악에 머물러 계시던 김구 선생님의 일화를 백범일지에서 발췌한 것입니다.

≪집에 돌아오니 안악에서는,
"이미 준비가 완성되었으니 함께 나가서 만세를 부릅시다."하는 청년들이 있었다. 나는 그들에게,
"만세운동에는 참여할 마음이 없다."고 하였다.
"선생이 참여하지 않으면 누가 선창합니까?"
"독립은 만세만 불러서 되는 것이 아니고 장래 일을 계획·진행하여야 할 터인즉 나의 참, 불참이 문제가 아니니, 자네들은 어서 만세를 부르라."하고 돌려보냈다.≫ - 『백범일지』(김구, 2002) 중에서.

저는 이 부분을 읽으면서 깜짝 놀랐습니다. 김구 선생님이 만세운동에 참여하시지 않으셨다니 놀라웠습니다. 하지만, 김구 선생님이 장래 일을 계획·진행해야 한다고 이야기하신 것과 이 일 이후 바로 임시정부에 참여하기 위해 상해로 망명하고, 그곳에서 치밀하게 준비하여 각종 거사를 실행하면서 한국의 독립문제를 국제사회에 알리는 모습에서 왜 만세운동에 참여하지 않았는지 더 명확히 이해하게 되었습니다. 변화는 목소리가 큰 데서 나오지 않고 철저히 준비하고 이를 실행하는 자세에서 나온다는 점을 김구 선생님은 알고 계셨고, 그러기에 만세운동보다 오히려 계획과 진행에 힘을 쏟으려 하신 것입니다.

> 우리는 홍보도 중요하지만, 후원사업을 진행하는 복지관 내부 직원들이 후원사업에 대한 장래 일을 계획·진행하는 모습이 먼저 있어야 한다고 생각합니다.

그렇다면 복지관은 어떠해야 할까요? 우리 복지관이 후원사업을 진행한다고 하면서 단순히 홍보만 크게 하면 실제적인 변화가 따라올까요? 오히려 스스로 장래 일을 계획·진행하는 것이 진정한 변화를 이끌어 내는 길이 아닐까요? 우리는 배워야 합니다. 김구 선생님의 생각을. 소리치는 것이 중요한 게 아니라, 오히려 장래 일을 계획·진행하는 것이 훨씬 더 중요하다는 것을 말입니다. 그런 점에서 우리는 홍보도 중요하지만, 후원사업을 진행하는 복지관 내부 직원들이 후원사업에 대한 장래 일을 계획·진행하는 모습이 먼저 있어야 한다고 생각합니다.

절대적으로 유리한 환경을 만들기 위해 계획·실행하라

브랜드 전략 또한 철저한 준비를 통해 내가 확실하게 유리한 위치를 점한 곳으로 고객을 물러늘여야 합니다. 브랜드 전략을 고객에게 직접 사용하기 전에 내부커뮤니케이션을 통해 조직과 사업을 브랜드 컨셉에 따라 조정하고, 후원 관리시스템을 체계적으로 준비하고, 고객과 만날 가능성이 있는 모든 MOT를 정비함으로써 고객이 한 번 복지관을 만나면 반드시 복지관의 고객이 될 수 있도록, 게다가 충성고객이 될 수 있도록 유리한 환경을 조성해야 합니다.

그런데 브랜드 전략을 세우다보면 욕심이 생겨 내부 커뮤니케이션 단계를 거치지 않고 바로 고객을 찾아가 승부를 보려는 경우가 생깁니다. 이는 참으로 위험합니다. 유리하지 않으면 싸움을 하지 말아야 합니다. 유리한 환경을 갖출 때까지 싸움을 연기하는 것이 대승을 이루는 것임을 기억해야 합니다. 내부 커뮤니케이션은 절대적으로 유리한 환경을 만드는 과정임을 잊지 말고 더욱더 충실히 실천해야 합니다. 무엇보다 직원의 이해도를 높여야 하고, 이를 바탕으로 자신이 수행하는 모든 사업에 브랜드 전략을 적용할 수 있어야 합니다. 또한 복지관 조직이 브랜드 전략에 맞추어져 구성되어야 하며, 기관의 경영자 또한 방향을 잃지 않고 브랜드 전략에 따라 일관성 있게 정책을 이끌어 내야 합니다. 계획과 실행으로 유리한 환경에서 협공하느냐, 소리만 지르다 전력의 열세를 고스란히 떠안느냐는 내부 커뮤니케이션에 의해 좌우될 것입니다.

2 브랜드 전략은 직원의 반발을 부른다

브랜드 전략을 사용하면 다음과 같은 문제가 발생합니다. 핵심에 집중하기 위해 대표프로그램 또는 상품프로그램을 선정하고 이를 구체화하려 할 때, 직원의 반발이 일어납니다. 바로, 대표 또는 상품프로그램에서 탈락한 직원이 문제를 제기하게 되어있습니다. 부서 중의 대표를 뽑아 프로젝트팀을 구성하고 그때그때마다 보고한다 하더라도 이 문제는 발생하게 마련입니다. 직장생활의 의미가 단순하게 돈을 번다는 것을 넘어, 자아성취의 개념이 강하면 강할수록 반발의 강도도 높아집니다. 자신의 업무를 자신의 능력과 동일시하는 상황에서 자신의 업무가 2순위로 밀려났다고 느낄 때 오는 소외감과 위기감이 발동하기 때문에 반발을 불러오는 것입니다. 특히, 복지관의 경우에는 이러한 특성이 강하게 작용하는 직장이기 때문에 직원의 반발은 상당히 높게 나타날 것입니다.

문제는 브랜드 전략을 사용하면 집중과 선택을 하게 되는데,

> 브랜드 전략을 수행할 때에는 어떤 직원을 소외시키고자 하는 의도가 아님을 명확히 제시하고, 직원 개개인이 기관의 성공과 자신의 성공을 동일시 할 수 있게끔 동기부여를 해 주어야 합니다.

그 결과 자연스럽게 내 업무, 내 부서가 밀려났다고 느끼게 될 직원이 생기게 된다는 점입니다. 선택과 집중을 하는 이유가 한 곳에 힘을 모아 강력함을 얻기 위함인데, 오히려 불만을 느낀 직원이 움직이지 않게 되면서 브랜드 전략의 효과도 그만큼 줄어들 위기가 생깁니다. 앞서 말씀드렸다시피 조직력이 중요한 키워드가 되는 이유가 바로 여기에 있습니다. 집중하지 못하면 브랜드 전략은 불가능하기 때문입니다. 결국, 이 위기를 극복하기 위해서 다음과 같은 작업을 하고, 이는 조직력과도 연관되는 작업들입니다.

첫째, 돈을 들여 콘도에서 전 직원이 마음을 터놓고 깊이 있게 이야기할 수 있는 세미나를 마련하고(끊임없는 커뮤니케이션), 둘째 그동안 사심 없이 기관 브랜드의 성장을 위해 노력해 왔음을 투명하게 보여주기 위해 그간의 과정을 소개하고, 전 직원의 동의가 없으면 진행하지 않겠다는 약속을 하고(브랜드 전략의 투명성 확보), 셋째 브랜드 자체에 대한 직원의 이해도를 높이기 위해 브랜드 교육을 실시하고(브랜드 이해도 증진), 넷째 브랜드 전략을 통해 달성될 긍정적 파급 효과, 즉 브랜드 자산이 쌓여감에 따라 복지관 내 다른 사업도 긍정적 영향을 얻게 될 것임을 설명해 주고(비전 제시), 다섯째 기관의 브랜드 자산은 결국 개인 브랜드에도 긍정적 영향을 미치게 됨(개인적 비전 제시)을 설명합니다. 이러한 과정을 거치면서 조직력을 키우고 조직을 준비시켜야 합니다.

브랜드 전략이라는 것은 직원 개개인이 민감하게 반응하는 전략입니다. 따라서, 브랜드 전략을 수행할 때에는 어떤 직원을 소외시키고자 하는 의도가 아님을 명확히 제시하고, 직원 개개인이 기관의 성공과 자신의 성공을 동일시 할 수 있게끔 동기부여를 해 주어야 합니다. 특히, 자산이라고는 직원밖에 없는 복지관에서는 더욱더 직원

개개인이 브랜드 전략에 동기부여를 강하게 받고, 조직력을 극대화 할 수 있는 방안이 함께 마련되어야 합니다.

    기억하십시오. 내가 준비되어야 비로소 브랜드 전략은 가능해집니다.

3 전 직원의 합의를 얻어라

성심을 다해 알려주어라

　　브랜드 컨셉을 정하게 되면 이를 누구에게 가장 먼저 알려야 할까요? 바로 내부 고객, 즉 복지관의 직원들입니다. 브랜드 컨셉이 정해지면 잘 알 것이라 생각했던 직원들이 오히려 이에 대한 이해가 더 떨어지는 경우가 많습니다. "직원이니까 당연히 알겠지"하는 마음에서 오히려 내부전파가 이루어지지 않는 것입니다. 회의시간에 몇 번 말해주었어도 나중에 몰랐다는 이야기를 하는 직원을 종종 보았을 것입니다. 알려주는 직원도 상대방이 직원이니까 대충 이야기하고, 듣는 직원도 상대방이 직원이니까 대충 듣습니다. 정보가 제대로 전달되지 않는 것입니다. 따라서, 브랜드 컨셉을 직원에게 알리되 고객에게 알리는 것처럼 성심을 다하고 최선을 다해 알리고 함께 나누어야 합니다. 특히, 브랜드 컨셉이란 내부의 지향점과 같은 소중한 것이기에 이를 체화할 수 있도록 해야 합니다.

내부고객과 외부고객의 관계

그렇다면 내부고객이라고 이름지을 만큼 직원에 집중해야 하는 이유가 무엇일까요? 기업의 브랜딩에 아주 중요한 법칙이 몇 가지 있는데, 이를 한번 살펴보겠습니다.

> "내부고객이 만족하지 않으면, 외부고객은 절대로 만족하지 않는다."
>
> "내부고객이 구전하지 않으면, 외부고객도 구전하지 않는다."
>
> "내부고객이 움직이지 않으면, 외부고객은 꼼짝도 하지 않는다."

> 무엇보다 내부 커뮤니케이션을 통해 직원이 브랜드 컨셉을 이해하고 확신을 가지도록 해야 합니다. 직원도 고객이라는 관점을 가지고 함께 브랜드 컨셉과 전략을 공유하도록 해야 합니다.

직원이 중요한 이유가 바로 여기에 있습니다. 사람은 무엇인가를 확신하면 눈빛부터 달라집니다. 그리고 내부적으로 정리가 되어 있으면 그만큼 말하는 태도부터 달라집니다. 마찬가지로, 직원이 복지관 브랜드에 대해 애정을 가지고 만족하고 있으면, 그의 행동은 180도 달라질 수 있습니다. 훨씬 적극적이고 능동적이 됩니다. 이를 고객이 몰라볼 리가 없습니다. 고객은 직원과 만남을 거듭할수록 브랜드에 대한 신뢰를 확인할 수 있게 됩니다.

따라서, 무엇보다 내부 커뮤니케이션을 통해 직원이 브랜드 컨셉을 이해하고 확신을 가지도록 해야 합니다. 직원도 고객이라는 관점을 가지고 함께 브랜드 컨셉과 전략을 공유하도록 해야 합니다. 이것이 브랜드 컨셉을 정하면서 제일 먼저 해야 하는 일입니다. 게다가, 잘 정해진 브랜드 컨셉은 직원으로 하여금 자신들의 장점을 새롭게 발견하게 하고 좋은 복지관에서 일하고 있다는 자부심을 가지게 해 주는 효과도 가져옵니다. 당연한 결과이지만 이는 직원의 근무만족도 또한 높여주는 효과를 가져옵니다.

요컨대, 브랜드 전략을 사용한다는 것은 두 고객을 만족시켜야 하는 것입니다. 첫째는 내부고객인 직원을 만족시켜야 하고, 둘째는 외부고객을 만족시켜야 합니다.

만약 브랜드 컨셉에 직원이 동의하지 않으면?

내부고객인 직원은 그 누구보다도 내부 상황을 정확히 알고 있습니다. 장점도 알고 있고, 단점도 알고 있습니다. 제가 만난 복지관 사회복지사들은 기관의 단점이 무엇인지 누구보다 정확히 알고 있는 것처럼 보였습니다. 그렇기에 브랜드 아이덴티티와 브랜드 컨셉을 설정했을 때, 직원이 거짓말이라고 판단하기 시작하면 이미 승패는 보나마나입니다. 직원이 거짓말이라고 판단했는데, 그와 만나는 고객이 그것을 못 알아볼 수 있겠습니까? 또, 직원이 거짓말로 고객에게 설득을 해야 할 텐데, 어떤 직원이 거짓말로 고객을 설득할 수 있을까요? 브랜드 컨셉을 정할 때 거짓말해서는 안 되는 이유가 여기에도 있습니다. 거짓말로는 결국 전달이 불가능하기 때문입니다.

만만하지 않다

하지만, 내부적으로 의견을 모으는 일과 방향을 설정하여 모든 직원이 한 방향을 향하게 한다는 것은 결코 쉽지 않습니다. '가장 무서운 적은 내부에 있다'라는 말은 이러한 일의 어려움을 가장 잘 설명한 표현 같습니다. 우리는 흔히 방향을 설정하면 모든 직원은 적극적 지지자 또는 소극적 지지자가 되리라 생각합니다. 하지만, 실제로는 적극적 지지자와 소극적 지지자 외에 소극적 반대자 또한 등장합니다. 이들은 적극적으로 반대하지는 않지만 자신의 일이 아니라 생각하고 마음속으로는 탐탁지 않게 생각합니다. 대놓고 반대하지는 않으나 어떻게든 반대할 거리를 계속 찾는 것입니다.

> 직원은 결코 만만한 고객이 아님을 반드시 기억해야 합니다. 또한, 직원의 동의가 없으면 브랜드 전략을 실패한다는 것을 기억하고 직원의 동의를 구하는 데 최선을 다해야 합니다.

문제는 브랜드 전략에 있어 직원들이 소극적 반대의 상황에 있다면, 브랜드 전략은 계속 추진되지만 정작 내부통합은 전혀 이루어지지 않는다는 데 있습니다. 겉으로는 동의하는 듯 보이지만 속으로는 전혀 움직일 생각이 없는 것입니다. 따라서, 직원을 내부고객으로까지 설정하면서 고객에게 설명하듯 차분히, 자세히 설명해야 합니다. 그리고 직원이 동의하는 단계를 지나야 하며, 직원이 동의하지 못하면 과감히 브랜드 전략을 중단시키고, 먼저 직원의 동의를 적극적으로 구해야 합니다. 예를 들어, 직원 연수 등을 통해 충분히 생각하고 토론하고 동의할 시간을 제공할 수 있습니다.

직원은 결코 만만한 고객이 아님을 반드시 기억해야 합니다. 또한 직원의 동의가 없으면 브랜드 전략을 실패한다는 것을 기억하고 직원의 동의를 구하는 데 최선을 다해야 합니다.

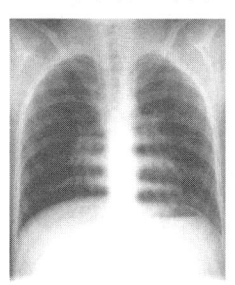

직원은 X-Ray를 보듯, 조직을 보고 있다

4 내부 커뮤니케이션 추진 단계

브랜드 전략을 위해서는 다음의 단계를 거쳐 내부 커뮤니케이션을 실시하게 됩니다.

첫째, 브랜드 프로젝트팀의 구성

전 직원이 브랜드 전략에 동의해야 하지만, 그렇다고 해서 브랜드 전략을 구상하는 단계에 전체 직원이 참여하는 것은 비효율적입니다. 너무 많은 직원이 참여하면 협의과정이 상당히 길어지고, 결론을 쉽게 내지 못해 지칠 수 있기 때문입니다. 따라서, 브랜드 프로젝트팀은 각 부서의 대표성을 받은 직원이 참여하는 형태로 참여를 제한해야 합니다. 그리고 이 팀에는 실질적인 결정권한을 가진 부장급이 참여하여 일 처리가 빠르게 이루어질 수 있도록 해야 합니다.

하지만 프로젝트팀을 구성할 경우 프로젝트팀과 각 부서와의 커뮤니케이션이 원활히 이루어지지 않을 수 있습니다. 아니 거의 이루어지지 않는 문제가 발생합니다. 왜냐하면, 브랜드 전략을 구상한다는 것이 옳고 그름의 문제가 아닌 선택의 문제이기 때문에 논의 과정에 참여하지 않는 부서는 결국 결과만 듣게 되는 현상이 발생합니다. 프로젝트팀과 직원과의 괴리라는 큰 문제가 발생하는 것입니다. 따라서, 이러한 문제는 다음의 단계를 거쳐 해소하는 과정을 거쳐야 합니다.

둘째, 교육 및 합의 과정

먼저, 부서와의 괴리를 해소하기 위해 프로젝트팀에 참여한 팀원은 회의 직후 바로바로 부서 내에 전파해주어야 합니다. 이와 동시에 프로젝트팀에서는 전체 직원이 브랜드에 대한 전반적인 이해를 가질 수 있도록 교육을 실시하여야 합니다.

프로젝트팀은 구상된 브랜드 전략의 시안을 전체 직원에게 상세하게 제시할 수 있는 열린 논의 과정을 만들어야 합니다. 이러한 논의 과정은 전 직원이 참여하되 시간적 제약이 없는 워크숍 형태가 가장 적합할 것으로 판단됩니다.

프로젝트팀은 논의과정을 거치면서 몇 가지 각오로써 임해야 합니다. 만약 논의과정에서 합의와 동의가 이루어지지 않으면 결코 한 발짝도 진행하지 않겠다, 또한 논의과정에서 프로젝트팀의 의견에 대하여 전체 직원이 반대 입장을 표시하면 프로젝트팀은 다시 논의를 시작하겠다는 전제를 가지고 있어야 합니다. 그렇지 않으면, 직원들은 더 이상 프로젝트팀의 제안에 의견을 낼 동기가 없게 되고, 결국 직원과 분리된 브랜드 전략이 나올 수밖에 없습니다. 직원이 동의하지 않는, 프로젝트팀만 동의하는 브랜드 전략은 하나마나입니다. 따라서, 프로젝트팀은 이러한 각오로 임해야 합니다.

셋째, 확산

전체 직원이 브랜드 전략에 동의했으면 직원들은 각자의 프로그램에 브랜드 전략을 어떻게 적용해서 복지관의 발전에 기여할 것인가를 생각하도록 해야 합니다. 이것이 바로 확산입니다. 브랜드 전략이라는 것은 각 부분이 하나의 목표를 향해 통합적으로 움직이는 전략이고, 여기에서 직원에게 브랜드 개념이 확산되어야 하는 이유가 발생합니다.

따라서, 전체 직원이 자신의 프로그램을 브랜드 전략에 맞게 수정할 수 있을 만큼 브랜드 전략에 대한 확신을 확산시켜야 하고, 브랜드에 대한 이해도 또한 높여야 합니다. 브랜드 전략에 대한 이해가 전 직원으로 확산되어 적용될수록 복지관 브랜드 전략은 빠르게 본 궤도에 오를 수 있습니다.

넷째, 실천

이제는 실천하면서 수정하고, 수정하면서 실천하는 후원 개발에 전 직원이 뛰어들어야 합니다.

> 브랜드 전략에 대한 이해가 전 직원으로 확산되어 적용될수록 복지관 브랜드 전략은 빠르게 본 궤도에 오를 수 있습니다.

5 직원의 직무만족도를 높여라

복지관 직원의 만족도를 높여라

복지관은 서비스 사업과 비슷하기 때문에 직원의 영향력이 큰 편에 속합니다. 그리고 고객에 대한 서비스 수준은 복지관 직원의 업무 만족도와 관련되어 있다는 것은 이미 알려진 사실입니다. 그렇다면 복지관의 브랜드 전략을 위해서는 복지관 직원의 만족도를 높이는 것은 필수적인 사항입니다. 결국 아무리 좋은 브랜드 컨셉을 잡아 대대적인 홍보를 한다 하더라도 직원의 만족도가 낮으면 질 나쁜 서비스로 표출될 것이고, 이는 광고비만 날리는 결과를 가져올 것입니다. 따라서, 복지관은 직원에 투자해야 합니다. 그리고 직원의 어려움을 잘 듣고 해결하는 데 노력해야 합니다. 물론 복지관 상황이 좋지 않음은 충분히 알고 있고, 일반 기업처럼 직원복지를 제공할 수 없음도 알고 있습니다. 하지만 신성 직원을 아끼는 복지관이라면, 첫째 직원의 업무량을 합리적으로 조정하여 소진 burn out 을 방지하고, 둘

> 복지관의 브랜드 전략을 위해서는 복지관 직원의 만족도를 높이는 것은 필수적인 사항입니다.……
> 복지관은 직원에 투자해야 합니다. 그리고 직원의 어려움을 잘 듣고 해결하는 데 노력해야 합니다.

째 직원의 자기 발전을 위한 연수비용을 지원하지는 못한다 해도 근무일수의 조정으로 지원하며, 셋째 직원의 꿈을 소중히 하고 조직 내에서 이를 이루도록 지원한다. 넷째, 직원 개인의 브랜드도 복지관 브랜드와 함께 성장할 수 있도록 소중히 여기며, 끝으로 직원의 불만을 표현하게끔 하고 함께 고민하여 개선하고자 노력할 것입니다.

복지관이 가진 자산이라곤 직원뿐인데 직원을 아끼지 않는 복지관은 브랜드 전략이고 뭐고 필요 없습니다. 먼저, 복지관이 가진 유일한 자산을 소중하게 여기는 법부터 배워야 합니다. 돈 없는 복지관의 유일한 재산은 직원뿐입니다.

6 업무량은 70~80%로 조정해라

복지관 직원은 항상 바쁩니다. 회의도 상당히 많으며 잡무가 많고 처리할 서류는 항상 밀리기 마련입니다. 이런 상황에서는 결코 직무만족도가 높을 수 없으며, 이는 바로 후원자 만족도와도 직결되는 문제입니다. 게다가, 더 중요한 점은 지역사회에 특별한 문제가 발생했음에도 불구하고 더 이상 남은 힘이 없기 때문에 결국 대처하지 못하는 상황이 발생한다는 점입니다. 후원자 입장에서 볼 때 이는 도저히 이해할 수 없는 상황입니다. 복지관은 대부분 1년 단위로 예산을 편성하는데, 이렇게 편성하는 업무량이 100%를 훌쩍 뛰어넘도록 계획을 세우는 경우가 허다합니다. 예산도 탄력성이 없고 업무량도 탄력성이 없으니 복지관의 대처능력 또한 탄력성이 떨어지는 게 당연합니다. 복지관은 지역주민을 위해 일하고 있다는데, 정작 특별한 문제가 발생해도 대처하지 못하는 것을 보고 어느 누가 복지관이 제대로 일한다고 생각할 수 있겠습니까? 이는 장기적으로 볼 때 복

> 직원의 업무량이 70~80%가 되면 직원은 훨씬 효율적으로, 또한 창의적으로 일할 수 있으며, 직무 만족도 또한 올라가 최종적으로는 복지관 브랜드의 성장으로 이어집니다.

지관이라는 브랜드의 약화를 의미하게 됩니다.

　더불어, 직원의 업무가 과다하면 문제의 핵심에 도달하지 못하고 다른 사람이 해 놓은 사업에 따라 프로그램을 진행하게 됩니다. 매일 저녁 늦게까지 야근하면서 자기 개발을 위한 시간은 눈곱만큼도 없는데, 어떻게 새로운 개념을 받아들일 수 있겠습니까? 그냥 해 오던 대로 진행하는, 생각 없는 상태에 돌입하게 됩니다. 그러면 문제의 핵심을 파악할 수조차 없고, 문제해결을 위한 새로운 생각도 떠오르지 않습니다. 처리해야 하는 업무가 많기 때문에 가장 비슷한 경우의 프로그램을 가져와서 무작정 적용하게 됩니다. 상황도 틀리고 사람도 틀린데, 프로그램만 가져와서 적용하면 효과성이 있을까요? 직원은 얼마나 자신의 능력에 대하여 질책하게 될까요?

　이렇게 업무량이 많아지는 것 또한, 결국 복지관 브랜드 전략에서는 마이너스 요인이 됩니다. 브랜드 전략이라는 것은 차별화에서 출발하는데 실제적인 상품프로그램이 다른 곳과 모두 똑같이 진행된다는 것은 기관명이 브랜드가 될 수 없음을 말해주기 때문입니다.

　이러한 문제를 해결하기 위해 저는 사회복지정보원의 한덕연 선생님이 주장하신 대로, 복지관 직원의 업무량은 70~80%가 되어야 한다는 주장에 200% 동감합니다. 물론 어떤 곳에서는, "무슨 소리냐? 너희도 공무원같이 일 안 하고, 직무유기 하려는 것이 아니냐?"라는 오해를 받을 수 있습니다. 하지만, 오해를 받는다 하더라도 진정한 프로페셔널이라면 진정 자신이 해야 하는 일을 확실히 해낼 수 있는 방안을 찾아 이를 실천하는 데 조금의 주저함도 없어야 합니다. 합목적성을 만들어 내는 데 도움이 된다면 저는 과감하게 현재의 업무량을 줄여야 한다고 생각합니다. 직원의 업무량이 70~80%가

되면 직원은 훨씬 효율적으로, 또한 창의적으로 일할 수 있으며, 직무만족도 또한 올라가 최종적으로는 복지관 브랜드의 성장으로 이어지게 되기 때문입니다.

　복지관에서 가장 핵심적인 자산은 반복해서 말씀드리지만 바로 직원입니다. 자산을 소중히 여겨야 합니다. 그리고 자산으로부터 브랜드 성장을 이끌어 내는 것이야말로 경영자의 실력을 평가하는 기준이 됩니다.

직원이 움직이지 않는다면?

브랜드 전략은 없다!

Social Work
Brand Strategy

제6장
브랜드가 대안이다

1 복지관의 정체성 해소:
사회복지관의 위기를 돌파할 수 있다

2003년 어느 날 TV에서는 노무현 대통령과 검사와의 대화를 중계했습니다. 온 나라가 TV앞에 앉아 그 대화를 지켜보았습니다. 저 또한 그 중 한사람이었습니다. 그 토론에서 한 검사가, "우리 평검사들은 국민을 위해 고생하며 일하고 있다. 하지만, 국민이 우리의 고생을 알아주지 않는다"라고 했습니다. 저는 작은 충격에 휩싸였습니다. 국민 중에 과연 얼마나 많은 사람이 저 말에 공감할까 생각해 보았습니다. 하지만, 검사 입장에서 다시 생각해보면 억울하기도 하겠다는 생각이 들었습니다. 본인은 최선을 다하고 있음에도 불구하고 사람들이 인정해주지 않는 것처럼 안타깝고 억울한 일은 없기 때문입니다.

왜 이런 상황이 벌어진 것일까요? 검사는 열심히 일하고 있었지만, 국민이 원하는 검사 역할은 해주지 못한 것입니다. 국민은 검사가 지도층 비리척결 등에 좀 더 적극적이길 원했지만, 국민의 눈에는 다른 일에 열심인 것처럼 보였던 것입니다. 힘없는 약자에게는 강하고, 힘있는 권력자에게는 비굴한 검찰이라 생각하고 있었기에 열심히 일한 것이 인정받지 못한 것입니다. 차라리 기왕에 고생할 거 국민이 원하는 것이 무엇인지 제대로 알고 열심히 일했다면 그때와 같은 억울함은 없지 않았을까 싶었습니다. 안타깝습니다. 하지만, 검사의 입장을 안타까워하기 전, 저는 우리 사회복지도 검사와 같은 상황에 처하게 될 날이 멀지 않았다고 생각되어 더욱더 안타까운 마음이 듭니다.

사회복지관은 뭐하는 곳?

위의 방송에서 저는 사회복지관의 미래를 보는 듯 했습니다. 현장에서 시민사회단체를 만나면 사회복지관에 대한 불만이 여기저기서 터져 나옵니다. "협력할 줄 모른다", "자기들만 아는 존재들이다", "돈은 많이 넣는데 나오는 건 없다" 등등……, 끊임없이 비판을 받습니다. 심지어 어느 공청회에서 한 주민은 이렇게까지 이야기했습니다. "진정한 주인인 시민은 빼놓고 사회복지사, 공무원, 교수들이 모여 공청회하면서 사회복지관의 미래를 이야기하는데 진정한 주인이 누구인지 생각해라. 사회복지관에 대해서 주인인 시민이 만족하지 못하고 있다. 차라리 복지관에 대한 위탁운영을 폐지하고 그냥 시민들이 운영하게 해 달라"라고 말입니다 ― 저는 복지관 운영은 반드시 사회복지사가 해야 한다고 생각하지 않습니다. 위탁운영을 누가 하느냐의 문제가 아니라, 지금 운영하고 있는 복지사가 시민의 욕구를 제대로 반영하지 못하고 있음을 지적하려는 것입니다 ―.

> 지금은 열심히 일만 할 때가 아닙니다. 오히려 우리를 존재할 수 있게 해주는 시민들이 과연 우리에게 무엇을 요구하고 있는가를 먼저 생각해야 할 시기입니다.

이런 위기감은 복지계 내부에서도 흘러나오고 있습니다. 사회복지관의 정체성 위기라는 이야기는 벌써 들어보셨을 것입니다. 그런데 사회복지사들은 이러한 이야기를 들으면서도 계속해서 높은 강도로 열심히 노동만 하고 있습니다. 가끔 고민은 되지만, 이에 대하여 어떻게 대처할지 진지하게 고민하지 않고 열심히 일만 하는 것입니다. 그리고 열심히 일하면 언젠가는 사람들이 알아줄 것이라고 생각하고 있는 것처럼 보입니다. 저는 사회복지사와 검사가 자꾸 오버랩되어 보입니다. 사회복지사도 시민들로부터 "너희가 한 게 뭐 있느냐"라는 질타를 들을 때가 올 거라고 생각합니다. 그때 저희는 이야기하겠지요. "돈도 못 벌고, 제대로 쉬지도 못하면서 정말 열심히 일했는데 시민이 우리를 인정해 주지 않는다. 억울하다"라고 말입니다.

그러면 우리는 어떻게 해야 할까요? 맞습니다. 지금은 열심히 일만 할 때가 아닙니다. 오히려 우리를 존재할 수 있게 해주는 시민들이 과연 우리에게 무엇을 요구하고 있는가를 먼저 생각해야 할 시기입니다. 예전처럼 열심히 일하면 칭찬받는 시대는 지나갔습니다. 시민이 요구하는 바를 정확히 이해하고 난 후에 열심히 일해야 합니다. 즉, 사회복지와 시민의 갭을 없애는 것입니다. 이는 인정받기 위해서가 아니라 사회복지의 생존을 위해 반드시 해야 하는 것입니다.

프로젝트 당선이 자랑인 복지관

"돈주머니가 독립해야 진정으로 독립한 것이다"라는 말이 있습니다. 현장에 계시는 분들은 프로젝트의 중요함을 누구보다 잘 아실 것입니다. 담당자는 새롭게 일을 해보고 싶은데 항상 복지관의 사업비가 부족해서 꿈을 접어야 하기 때문입니다. 그래서 사회복지사도 프로젝트에 목숨을 걸고, 복지관도 프로젝트 공모가 발표되면 사회복지사를 독려하게 됩니다. 하지만 프로젝트를 수행해보신 분은 아시겠지만 프로젝트가 해결책이 되지 못합니다. 오히려 뜨거운 감자 같은 존재입니다. 담당자는 지역주민의 욕구에 따라 적절한 프로그램을 기획하려 하지만, 프로젝트를 공모하는 곳의 특성에 따라 프로그램 내용을 머릿속에서부터 이미 수정해 버립니다. 사전 검열하는 것입니다.

예를 들어, 삼성복지재단은 주로 선진적인 프로그램을 선정하는 경향이 있기 때문에 여기에 당선되기 위해 프로그램을 조정하게 됩니다. 일단 당선이 되어야 무엇이라도 할 수 있으니까요. 여기서 검열은 끝나는 것이 아닙니다. 한 번 당선된 프로그램은 아무리 길게 지원을 받아도 4년 이상 지원받을 수 없습니다. 그러다 보니 장기적으로 해야 하는 사업은 다시 머릿속에서 수정되어버립니다. 지원이 중단된 이후에는 지원받을 방법이 막막하니 단기적인 프로그램으로 만들어 다시 응모합니다. 또 프로젝트를 받는다고 해서 기존의 업무가 줄어드는 것도 아니며 오히려 사업계획서, 중간보고, 회의록, 단위사업계획, 단위사업결과보고, 총괄결과보고 등 업무는 늘어나게 됩니다. 그래서 또 다시 머리 속에서 검열이 이루어지고, 비용처리에서도 감사 등의 문제로 할 수 있는 프로그램 방식이 한정적이기 때문에 또 다시 프로그램은 수정됩니다. 이쯤 되면 담당 사회복지사는 "내가 왜 이 짓을 하고 있나"하는 생각이 듭니다. 그리고 초기에는 주민의 욕구에 맞추어서 프로그램을 기획했는데, 중간에 이런저런 수정을 함으로써 결국 내 성에 차지 않는 프로그램만 손에 쥐게 됩니다.

이런 과정은 결국, "사회복지가 무엇을 했느냐"라는 부메랑이

> 시민이 복지관의 사업비를 현실화해야 한다는 여론을 만들어주지 못하면, 정부지원의 현실화는 항상 경제적 우선순위의 논리에 묶여 한계가 있을 것입니다.

되어 우리에게 날아올 것입니다. 사람을 대하는 서비스사업에서 욕구에 따라 정밀하게 진행되는 사업도 성공여부가 불확실한데 하물며 여러 차례 수정된 사업은 말할 것도 없습니다. 사회복지가 대상자의 욕구를 충족시켜야 한다는 것은 우리의 존재 목적입니다. 따라서, 욕구에 맞는 프로그램을 지켜내지 못했다는 것은 결국 우리에게 비난이 되어 돌아올 것입니다.

물론, 욕구에 맞는 프로그램도 결국 돈주머니의 독립에서 나오고, 정부지원의 비현실성이 이에 대한 가장 큰 장애요소라는 것을 압니다. 하지만, 시민이 복지관의 사업비를 현실화해야 한다는 여론을 만들어주지 못하면, 정부지원의 현실화는 항상 경제적 우선순위의 논리에 묶여 한계가 있을 것입니다. 이 또한 시민과의 커뮤니케이션을 통해 정부지원이 현실화될 수 있도록 해야 한다는 것입니다.

하지만, 그동안 우리가 선택한 것들을 살펴보십시오. 우리는 시민의 동의를 얻어내는 것보다 당장의 생존을 위해 프로젝트에 의존하는 기형적인 방법을 택해 왔습니다. 욕구에 100% 초점이 맞추어지는 것을 약간 포기하더라도 생존을 위해 프로젝트에 의존하였습니다. 또한 프로젝트에 목숨을 걸다 보니 좋은 복지아이템이 있어도 다른 곳과의 경쟁 때문에 공유하지 않고, 몇 년이 지나도 결코 알려주려 하지 않습니다. 복지가 왜 존재해야 하는지 복지의 기본 정신을 망각한 것입니다. 좋은 사업이 있으면 서로 공유해서 널리 알려지는 못할망정 다른 곳에서 뺏어갈까 봐 전전긍긍하는 웃지 못할 상황이 벌어집니다. 프로젝트에 목숨을 걸고 있는 상황에서는 이러한 현상은 얼마든지 지속됩니다. 결코 해결될 수 없습니다. 프로젝트 당선이 생존과 직결된 상황에서 어느 누가 이를 깨고 나올 수 있겠습니까?

지금 이 이야기를 일반 시민이 듣는다면 당장 복지관을 없애야 한다고 말할 것입니다. 복지관이 복지를 수행하는 것이 아니라, 스스로 생존하기 위해 활동하고 있는 것처럼 보이기 때문입니다. 복지관은 욕구를 충족시키는 프로그램을 지켜내기 위해, 그리고 돈주머니의 독립을 이끌어 내기 위해 노력해야 합니다. 단순히 돈주머니가 채워지지 않아 우리도 어쩔 수 없이 프로젝트에 의존했다고 이야기한다면, 시민 중 어느 누구도 복지관을 용서하지 않을 것입니다. 복지가 욕구를 지켜내지 못하는 상황을 알면서도 이를 고치기 위해 몸부림치지 않는데, 뭘 믿고 계속 맡겨야 한다고 생각하겠습니까? 오히려 악어새라고 생각할 것입니다. 사회복지관이 프로젝트 당선을 자랑하는 이면에, 사회복지관의 생존은 클라이언트의 욕구보다 더 중요하게 작용했다는 사실이 전제된다는 것을 시민이 알게 되면 사회복지는 반드시 심판받는 날이 올 것입니다.

합목적성을 해치는 각종 외부 요인

'보건복지부 평가, 시의회 평가, 각 공공기관의 감사, 지도점검, 복지관 위탁 평가, 시도 때도 없이 요구되는 요청자료…' 사람들은 흔히 이야기합니다. 사회복지관은 투명해야 하고, 투명함을 위한 감사를 복지관은 받아들여야 한다고 합니다. 맞습니다. 백 번 옳은 말입니다. 감사의 이유는 투명성 제고에 있습니다. 하지만, 그 기관이 존재하는 이유는 투명성만이 아닌 투명하게 운영하되 기관의 목적을 달성하는 데 있습니다. 투명성 제고를 높이기 위해 다양한 장치를 마련하지만 이것으로 인해 기관의 존재 목적을 달성하는 일이 점점 어려워졌다면 이는 생각해 보아야 합니다. 아이러니한 일입니다.

목적을 잘 달성하게 하기 위해 감사 및 평가를 하는데, 오히려 이것들이 걸림돌이 되고 있다?

감사 및 평가는 대부분 서류를 기초로 해서 이루어지는 경우가 많습니다. 실제적 수행여부도 중요하지만 이는 확인하기 어렵기 때문에 서류를 근거로 할 수밖에 없는 것입니다. 결국 서류의 완성도에 따라 평가 및 감사의 결과가 다르게 나타날 수 있습니다. 그래서 감사 및 평가가 있다고 하면 그때부터 1순위는 감사와 평가를 위한 서류 정비가 됩니다. 혹자는 이야기합니다. 그냥 평상시대로 있다가 받으면 될 것 아니냐라고 말입니다. 하지만, 이것은 인간의 심리상 도저히 있을 수 없습니다. 만약, 우리집에 시부모님께서 오시는데 안 치울 배짱 있는 며느리 있으면 나와 보라고 하고 싶습니다. 만약 치워 놓지 않으면 시부모은, "우리가 온다는데 집도 안 치워놓았네" 하며 곱지 않은 눈으로 쳐다보게 됩니다. 으레 치울 것으로 기대합니다. 가능한 한 좋게 보이고 싶은 것은 사람의 기본적인 심리입니다. 게다가, 그 평가가 다른 모든 면까지 한꺼번에 평가해 버릴 만큼 중요하다면 더욱더 열심히 준비할 것입니다.

그렇다고 감사 및 평가를 거부하는 것 또한 해답이 아닙니다. 고인 물은 썩게 되므로 누군가는 계속 지켜보고 있어야 합니다. 오히려, 감사 및 평가와 관련된 문제는 그 횟수에 문제가 있다고 봐야 할 것입니다. 매번 평가와 감사를 준비하느라 정작 중요한 일은 뒤로 미룹니다. 또 다시, 시민들의 욕구와는 멀어지는 일로 바쁜 세월을 보내는 것입니다.

복지계는 합목적이지 않게 운영되는 제도를 고쳐야 합니다. 하지만, 우리 힘만으로 감사 및 평가 제도를 고치려 하면 안 됩니다.

자칫 무엇인가 더러운 점이 있으니까 저런다는 오해를 받을 수 있기 때문입니다. 오히려 시민과의 커뮤니케이션이 절대적으로 필요합니다. 우리가 아닌 복지관을 이용하는 시민들이 우리의 요구에 공감하고 동의하고, 때로는 힘이 될 수 있도록 해야 합니다. 시민이 우리 편이 될 때, 그때야 도덕적 정당성이 확보되고 우리의 요구에 힘이 실리게 됩니다. 오히려 시민의 입에서, "좋은 서비스를 받고 있었는데, 감사와 평가가 너무 많아서 내가 받아야 할 서비스가 줄어들었다"라고 이야기할 수 있도록 해야 합니다. 핵심은 시민이 우리를 인정해 주느냐, 아니냐입니다. 이것에서 모든 승패가 결정될 것입니다.

> 우리가 아닌 복지관을 이용하는 시민들이 우리의 요구에 공감하고 동의하고, 때로는 힘이 될 수 있도록 해야 합니다. 시민이 우리 편이 될 때, 그때야 도덕적 정당성이 확보되고 우리의 요구에 힘이 실리게 됩니다.

"뭐 하는 곳이에요?" "좋은 일…"

예전에 인터넷 채팅을 하면서 겪었던 일입니다. 다른 사회복지사도 이와 비슷한 경험을 한 적이 있다고 하더군요.

- A: 근데, 님은 무슨 일 하세요?
- 사회복지사: 사회복지관에서 일해요.
- A: 아~ 좋은 일 하시네요. 저같은 속물은 그런 일 못할 거예요.
- 사회복지사: …… (긁적긁적)
- A: 근데, 사회복지관에서 무슨 일 하세요?
- 사회복지사: 그게… 어르신 무료급식도 해드리고, 어머님 한글 가르쳐드리기도 하고, 후원금 전달도 하고 등등…
- A: 예… 많네요. 어쨌든 좋은 일 하시네요.

사람들은 사회복지관이 좋은 일은 할텐데 구체적으로 어떤 일

> 사람들은 사회복지관이 좋은 일은 할텐데 구체적으로 어떤 일을 하고 있는지 모르는 경우가 많습니다. 그래서, 사회복지사를 만나면 항상 무슨 일을 하는지 물어보는데, 사회복지관은 너무나 다양한 일을 하기 때문에 한 마디로 설명하기가 쉽지 않습니다.

을 하고 있는지 모르는 경우가 많습니다. 그래서 사회복지사를 만나면 항상 무슨 일을 하는지 물어보는데, 사회복지관은 너무나 다양한 일을 하기 때문에 한 마디로 설명하기가 쉽지 않습니다. 그러다 보니 하고 있는 사업들을 나열하게 되고 그러면 상대방은 다 기억할 수 없으니 그냥, "좋은 일 하시네요"라고 하게 됩니다.

답답합니다. 사회복지관이라 하면 어떤 일을 한다고 설명해 주고 싶은데 한마디로 설명하면 결국 좋은 일 한다고 할 수밖에 없고, 많은 사업을 나열해도 상대방은 결국 좋은 일로 인식합니다. 그게 무슨 문젯거리가 되느냐고 하실 수 있겠지만, 백화점처럼 나열식 사업을 하게 되면 시민들은 그곳이 무엇을 하는 곳인지 잘 모릅니다. 어쨌든 좋은 일을 많이 하는데 무슨 일을 하는지 머릿속에 남지 않는다는 겁니다. 이것이 시민과 복지관의 틈을 더욱더 벌리는 역할을 합니다.

예를 들면, 아동학대예방센터, 가출청소년쉼터, 가정법률상담소, 여성폭력상담전화 등은 이름만 들으면 그곳이 무엇을 하는 곳인지 바로 알 수 있습니다. 구체적인 사업 내용까지도 저절로 이해가 됩니다. 하지만, 사회복지관이라 하면 좋은 일 하는 곳인 것 같은데 무엇을 하는지 언뜻 떠오르지 않습니다. 게다가, 물어보면 너무 많은 사업을 이야기합니다. '아동학대예방센터 = 아동학대'처럼, 공통되는 한 단어가 머리에 남는 것과 같이 사회복지관 하면 떠오르는 단어가 있어야 하는데 그것이 없습니다. 그러다 보니, "사회복지관이 뭐 하는 곳이냐?"라는 질문을 받는 것입니다. 복지관의 정체성 문제까지 거론되는 원인 중에는 이 문제도 일정 정도 영향을 미치고 있습니다. 사회복지관 하면 떠오르는 무엇인가가 없기 때문입니다. 아동학대 하면 바로 아동학대예방센터가 떠오르듯 사회복지관도 한 단어를 잡아야 합니다. 그래야 존재 목적이 뚜렷해지고, 시민들의 요구도 뚜렷해집니다. 시민의 요구가 100가지로 나누어지면 아무리 열심히 일해도 만족시킬 수 없습니다. 100가지를 어떻게 만족시킵니까? 대신 시민의 요구를 1~2개로 집중시킬 수 있다면 사회복지사도 무엇을 해야 할지 명확해 집니다.

> 사회복지는 자신의 존재이유를 명확히 찾아내야 하며, 그것을 달성하기 위해 스스로를 변화시켜야 하고, 시민과 꾸준히 커뮤니케이션 해야 합니다.

게다가, 지역은 지역마다 복지욕구가 다 다릅니다. 만약 복지관이 지역주민과의 틈을 줄여서 깊게 커뮤니케이션 할 수 있다면, 지역주민의 입장에서 가장 절실하게 요구하는 그 무엇인가를 잡아낼 수 있을 것입니다. 그렇다면 이 문제에 집중해야 합니다. 이렇게만 될 수 있다면, 복지관은 지역주민이 인정하는 복지관의 존재이유를 찾을 수 있으며, 복지관을 지역에 뿌리내리게 하는 좋은 계기가 될 것입니다.

생각해 보십시오. 시민과 복지관이 다른 꿈을 꾸고 있는 동안, 혹 같은 꿈을 꾸고 있다고 하더라도 서로 원활한 의사소통이 없다면 결국 복지관은 시민들에 의해 내쳐질 것입니다. 이 세상은 실제적 기여 정도에 따라서가 아닌, 인식상에서 기여하지 못한다고 생각되는 것은 가차없이 도태시켜 버립니다. 이것은 영리, 비영리를 떠나 똑같이 적용됩니다. 사회복지는 자신의 존재이유를 명확히 찾아내야 하며, 그것을 달성하기 위해 스스로를 변화시켜야 하고, 시민과 꾸준히 커뮤니케이션 해야 합니다.

프로젝트에 많이 당선된다고 기뻐하거나, 평가를 통한 외부의 진입장벽을 만들어 우리의 존재이유를 찾는 단기적 처방은 지금으로서는 불가피한 면이 있지만, 이는 결국 우리의 존재 자체를 위협할 것입니다. 이러한 것에 안주하다가 정작 중요한 시민의 마음을 얻는

> 시민의 감시로 인한 두려움보다 시민이 함께 하기에 가질 수 있는 신바람을 더 크게 볼 줄 알아야 합니다.

데에도 소홀할 수 있기 때문입니다. 사회복지관은 시민 속으로 파고들어 시민으로부터 존재이유를 인정받아야 합니다. 시민이 인정하지 않으면 우리를 지켜주리라 믿었던 그 어떤 자료나 수치적 성과도 힘을 잃기 때문입니다.

시민의 마음속을 파고들어가라

복지관은 분명 위기의 상황입니다. 그러나 시민이 복지관에 자신의 마음속 자리를 허락한다면, 앞서 언급한 사회복지의 수많은 위기에 대한 해답의 마스터키가 될 수 있을 것입니다. 이 세상 어떠한 응원군보다 더 큰 응원군을 얻은 것이 되기 때문입니다.

상상해 보십시오. 고객이 각종 브랜드에 대하여 반응하듯이 시민의 마음속에 복지관이 자리 잡게 된다면 복지인은 행복할 것입니다. 핵심은 이것입니다. 한낱 상품도 고객과 관계를 맺는 지금, 사회복지도 시민과 관계를 맺고 이를 기반으로 진정 이루고자 하는 사회복지의 꿈을 이룰 수 있을 것입니다. 사회복지는 브랜드를 통해 시민과 만나고 또 가까워질 수 있다고 생각합니다. 그리고 시민과 가까워진다면 지금보다 훨씬 사회복지다운 사회복지를 할 수 있으리라 생각합니다. 그 무엇이 무섭겠습니까? 시민이 우리와 함께 하는데…….

혹자는 시민이 우리와 함께 하는 것을 두려워하는 사람이 있다고 합니다. 그리고 그것이 더욱 우리를 힘들게 하는 것이라 말하기도 합니다. 그런데 그런 시각을 가지고 있다면 당장 개인사업해야 합니다. 그런 사람들은 조금이라도 국민의 세금이 포함된 사업비를 집행할 자격이 없습니다. 시민의 감시로 인한 두려움보다 시민이 함께 하기에 가질 수 있는 신바람을 더 크게 볼 줄 알아야 합니다. 저는 감히 말씀드립니다. 브랜드와 사회복지가 만나면 시민과 훨씬 더 가까워질 수 있다고 말입니다. 바로 사회복지가 브랜드를 만남으로…….

2 복지관의 모든 다양한 분야에 적용할 수 있다

브랜드 전략은 후원에만 적용할 수 있을까요? 아닙니다. 후원사업뿐만 아니라 오히려 지역 내에 복지관이 중요한 역할을 하고 있음을 알리는 데 효율적이고, 새롭게 출발하는 복지관으로 지역사회에 자리잡는 것이 중요한 기관에도 브랜드 전략은 적합할 수 있습니다.

기관이 지역사회에 자리잡는다는 것은 시민들의 머릿속에 기관에 대한 이미지가 만들어진다는 것인데, 초기에 어떤 모습으로 어떻게 자리 잡느냐에 따라 이후 기관의 운명을 가름할 수 있습니다. 따라서, 단순히 지역 내에 복지관이 있다는 것을 알리는 데 주안점을 두는 것이 아닌 어떤 기관으로 자리를 잡을 것인지 생각해야 합니다. 단지 우리가 있다고 이야기하는 것이 아니라, 우리가 왜 있는지 이야기하는 것이 더 중요하다는 것입니다.

이를 위해서는 후원사업을 만들어갈 때와 마찬가지로 브랜드 아이덴티티를 찾고 브랜드 컨셉을 설정하며 브랜드 연상 관리를 해야 합니다. 브랜드 연상 관리가 잘 이루어지면, 자연스럽게 복지관에 힘이 실리고 이것은 바로 브랜드 자산이 되어 이후 지역사회에 대한 복지관의 영향력이 높아지게 될 것입니다.

    개인적인 판단으로, 브랜드 전략은 개별적인 마케팅 전략이라기보다 경영에 있어 필수적이면서 기본적인 전략이라 생각합니다. 실제로 브랜드는 이제 전략 차원을 벗어나 경영방침으로 자리를 잡아가는 모습입니다. 따라서, 후원뿐 아니라 다양한 분야에 총괄적으로 적용될 수 있습니다. 저는 후원을 중심으로 브랜드 전략을 설명했지만, 이는 브랜드 전략을 후원사업에 적용한 것일 뿐입니다.

    앞서 설명한 브랜드 전략을 이해하셨습니까? 그렇다면 다른 부분에도 적용해 보시기 바랍니다. 자신이 담당하는 개별프로그램, 사회복지사 개인, 복지관 내 단위 사업팀, 복지관 경영 등등. 이와 같이 적용하는 방법은 다를 수 있지만, 브랜드 전략이 가지는 가장 핵심적인 통찰력 ― 그것은 결코 변하지 않습니다. 이 통찰력만 가지고 있으면 어떠한 것이든 적용이 가능합니다. 만약, 통찰력이 있다면 이제부터 자신의 인생도 새롭게 적용해 보십시오. 그러면 새로운 시각이 열리게 될 것이고, 인생의 방향이 잡히게 될 것입니다.

> 브랜드 연상 관리가 잘 이루어지면, 자연스럽게 복지관에 힘이 실리고 이것은 바로 브랜드 자산이 되어 이후 지역사회에 대한 복지관의 영향력이 높아지게 될 것입니다.

3 사회복지 - 건실한 그룹인가? 문어발 기업인가?

사회복지의 위기

최근 사회복지는 위기를 맞이하고 있습니다. 각 영역의 경계가 희미해지고 또 각 분야들이 영역 확장을 위해 노력하다보니 사회복지는 여기저기에서 어려움을 겪고 있는 것이 사실입니다. 사회복지의 각 분야들은 각 영역별로 공격을 받고 있고, 사회복지는 자칫 껍데기만 남고 알맹이는 모두 다른 분야에서 가져갈지도 모른다는 위기가 닥치고 있습니다.

사회복지는 청소년복지, 아동복지, 장애인복지, 여성복지, 가족복지, 지역복지 등 많은 영역으로 확장되었지만, 그 확장은 힘을 가지지 못하고 오히려 각 영역별로 공격을 받으면서 문어발 잘려나가듯 잘려나가고 있습니다. *

----
* 이와 관련하여 저는 사회복지는 사회복지사만이 할 수 있는 영역이라고 결코 생각하지 않습니다. 어느 누구도 할 수 있고, 만약 사회복지를 수행하는 데 있어서 다른 전문가가 훨씬 잘 할 수 있다고 생각한다면 가장 잘 할 수 있는 그 전문가가 수행해야

브랜드와 관련해서 생각해 본다면 사회복지는 자신의 정체성에 맞는 자신만의 단어를 갖지 못했고, 가졌다 하더라도 집중하고 지켜내지 못한 데서 문제가 발생했다고 생각됩니다. 어떠한 영역이든 확고한 자리를 점하고 있는 것처럼 보인다 하더라도, 점한 분야가 넓을수록 반드시 약점이 발생하게 마련입니다. 후발주자는 자신만의 강점을 살려 선발주자가 점한 분야 중 한 지점으로 공격점을 좁혀 그 분야의 전문가라고 자처하면서 공격하는 것이 정설입니다. 이렇게 하면 사회복지 브랜드의 경우, 선발주자는 자신만의 단어라고 믿었던 그것을 후발주자에게 뺏길 수 있습니다.

> 브랜드는 사람들의 고정관념이라고 말씀드렸습니다. 그리고 브랜드는 한 단어를 소유하는 싸움이기도 합니다.

예를 들어, 청소년이라는 단어에 대해 이야기해 보겠습니다. "청소년은 사회복지의 일부분일 뿐이고 사회복지사는 청소년만을 대상으로 하는 전문가가 아닙니다. 대신 청소년지도사는 청소년 전체에 대한 전문가입니다. 청소년사업은 청소년지도사가 주도해야 합니다."라는 이야기를 들으면 어떤 생각이 떠오르십니까? 일반 대중은 얼핏 들어도 대부분 수긍하게 될 것입니다. 그리고 '청소년 ⇒ 청소년지도사'라는 사회적 당위성을 얻게 되는 것입니다.**

브랜드는 사람들의 고정관념이라고 말씀드렸습니다. 그리고 브랜드는 한 단어를 소유하는 싸움이기도 합니다. 이 고정관념의 영역에서 청소년이라는 단어를 빼앗기면서 이후에는 정책, 제도, 법 모

한다고 생각하고 있습니다. 다만, 사회복지만이 기여할 수 있는 부분이 있고, 사회복지가 좀 더 이 사회에 안정적으로 기여할 수 있는 방안을 찾는 데 도움이 될 수 있기를 바라는 마음에서 이와 같이 말하게 되었습니다.

** 저는 이와 같은 조합이 청소년을 위해 적절한 조합이라고 생각하고 있습니다. 각 영역이 사회복지에서 벌어져 나간다고 해서 그것이 반드시 나쁜 현상이라고 보는 것은 고객중심이라기보다는 지극히 사회복지중심의 시각이라 봅니다. 물론 사회복지에서 청소년복지가 없어지는 것보다는 자신의 영역을 정확히 찾아 청소년지도사와 협력해야 한다는 점은 청소년복지가 찾아야 할 과제라고 생각하고 있습니다.

두 청소년지도사 중심으로 재편되는 결과를 가져오게 됩니다. 물론, 단어를 누가 선점하느냐의 문제 하나로 모든 것이 이루어진 것은 아니지만, 단어에 대한 선점 없이 이 모든 것이 이루어질 수도 없습니다. 다시 말해, 사회적으로 누가 그 단어를 소유했는지 인정받느냐가 그 분야의 생존에 가장 큰 영향을 가진다는 것입니다.

마찬가지로, 최근 가정학과에서 건강가족이라는 논리로 가족복지의 영역을 차지하려고 합니다. 가족복지는 사회복지의 일부분이지만 가정학과가 가정에 대한 전문가라는 논리로 파고듭니다. 그리고 그 논리는 이제 법제화된 상황입니다. 가족, 가정이라는 단어의 주인이 누구냐에 대한 문제로 해석될 수 있는 것입니다.

이에 사회복지사 모두 분노하고 있지만, 이러한 결과는 단어에 대한 어설픈 선점으로 인해 방심하고 있다가, 사회가 분화되면서 어설프게 선점한 지점이 공격받으면서 쉽게 무너져버린 결과입니다. 브랜드 마케팅에서 볼 때 앞으로도 사회복지의 각 영역은 그 분야의 전문가를 자처하는 타 분야로부터 공격받게 될 것이 확실합니다. 여성복지는 이미 여성단체에서 선점하였고, 지역사회조직은 시민단체로부터 공격의 타깃이 될 것입니다. 이는 후발주자의 당연한 전략이기도 하고, 경쟁이라는 관점에서 당연한 현상입니다.

문어발 기업확장과 그룹의 차이?

이러한 문제에 대처하기 위해서는 다음의 내용을 먼저 이해할 필요가 있습니다. 여러분은 문어발 기업확장과 그룹의 차이가 무엇이라고 생각하십니까? 브랜드의 관점에서 보면 그 차이는 바로 핵심단어의 소유 여부에 따라 결정됩니다. 간단한 예를 들어, 삼성은 "대한국 대표 브랜드", "삼성이 만들면 다릅니다"라는 핵심단어를 소유하고 있으며, 이 단어에 따라 브랜드를 확장해 나갔습니다. 브랜드 전략 이전에는 삼성도 문어발식으로 기업을 확장했었기 때문에 위 단어에 맞지 않는 기업이 분명 존재했습니다. 그래서 삼성은 그러한 기업이 삼성계열임에도 불구하고 삼성이라는 브랜드를 사용하지 못하게 했습니다. 삼성이 소유한 단어가 약해질 것을 우려했기 때문입니다. 그 예가 바로 에스원, 제일모직, 호텔신라, 제일기획 등입니다. 그리고 삼성 로고는 더욱더 엄격하게 사용을 금하고 있습니다. 이는 모두 삼성이 소유한 고정관념^{단어, 이미지}을 보호하기 위해서입니다.

> 고정관념을 지켜야 하고, 이 고정관념에 따라 확장해 나가야 하고, 아무리 쓸모 있다 하더라도 고정관념을 약화시키는 일이라면 과감하게 정리해야 합니다.

문어발 기업확장은 앞에서 말씀드렸던 가상의 과자회사, 바로 H과자회사의 예입니다. H회사가 소유한 단어, 그리고 고정관념과 전혀 동떨어진 기업을 인수하고, 거기에다가 H전자라고 붙여서 대놓고 광고하는 경우입니다. 사람들의 공감을 얻을 수 없었던 것은 당연한 이치입니다.

무엇이 중요한 것입니까? 고정관념^{핵심단어, 핵심연상 등}을 지켜야 하고, 이 고정관념에 따라 확장해 나가야 하고, 아무리 쓸모있다 하더라도 고정관념을 약화시키는 일이라면 과감하게 정리해야 함을 이야기하는 것입니다. 무엇 때문에? 사람들에게 고정관념이 되기 위해서 말입니다. 고정관념이 무너지면 그 분야를 잃는 것입니다. 삼성이 반도체라는 단어를 LG전자에게 빼앗기면 삼성은 더 이상 삼성이 아닙니다. 대한민국 대표 브랜드가 아닙니다.

사회복지는 어떤 단어를 잡을까?

그러면 사회복지는 어떻게 해야 할까요? 첫째, 저는 사회복지

> 소외된 이웃이 있을 때 일반 대중은 사회복지라는 단어가 먼저 떠오를 수 있게 만들어야 합니다. 이것은 사회복지의 핵심단어, 즉 고정관념이 되어야 합니다.

라는 말을 들었을 때 대중이 가장 먼저 떠올리는 바로 그 대상층에 초점을 맞추어야 한다고 생각합니다. 즉, 빈곤, 빈민, 소외계층 등등. 왜 거기에 초점을 맞추어야 하느냐 하면, 제가 볼 때 이 단어들도 사회복지가 확실히 선점한다고는 할 수 없다고 생각하기 때문입니다. 확실히 선점하고 있다면 모르겠지만, 어설프게 가지고 있으면 이는 또다시 공격의 대상이 될 수 있습니다. 최소한 이 단어들만큼은 확실히 선점하고 있어야 합니다.

이런 점에서 사회복지가 일반 대중으로부터 이미 획득한 단어에 먼저 집중해야 한다고 생각합니다. 그리고 사회복지는 획득한 그 단어의 진실한 주인임을, 즉 사회적으로 부여받은 업무를 위해 최선의 노력을 다하고 있다는 점을 행동을 통해 확실히 함으로써 일반 대중에게 확증시켜야 한다고 생각합니다. 따라서, 사회복지는 현재 닥쳐 있는 소외계층의 문제에 그 누구보다 목소리를 높이고 투쟁하며 실천해야 한다고 생각합니다. 또한 이 지점을 적극적으로 일반 대중에게 알려 고정관념이 되도록 해야 합니다.

그런데 지금 사회복지는 소외계층에 대하여 시민단체보다도 목소리가 낮고, 소외계층을 대변하는 데에는 나서지 않는 것처럼 보입니다. 소외계층을 위해 노력하지만 조용한 노력일 뿐입니다. 이렇게 해서는 안 됩니다. 적극적으로 우리의 단어라고 알려야 합니다. 최소한 소외된 이웃이 있을 때 일반 대중은 사회복지라는 단어가 먼저 떠오를 수 있게 만들어야 합니다. 이것은 사회복지의 핵심단어, 즉 고정관념이 되어야 합니다.

그리고 이와 같이 사회복지가 핵심단어를 소유하게 되면, 지금까지 분화된 각 분야별로 다시 활동할 수 있는 논리를 소유할 수 있도록 해야 합니다. 앞에서 후발주자는 선발주자의 한 지점을 공격한다고 말씀드렸습니다. 우리도 마찬가지로 접근해야 합니다. 즉, 청소년이라는 단어는 청소년지도사가 가져가도록 하되, 사회복지가 가지는 소외계층에 대한 서비스를 확장해서 청소년 분야 중에서 소외청소년에 대한 단어는 청소년복지가 가질 수 있도록 작업해야 합니다.

사회복지가 소외계층이라는 단어를 확실히 선점하고 있다면, 청소년 분야 중 소외청소년에 대하여 사회복지가 담당하겠다는 논리는 결코 거부할 수 없는 개념이 됩니다. 그리고 대중도 소외청소년의 단어를 청소년복지가 담당하겠다는 데에 동의하게 될 것입니다. 이렇게 되면 자연스럽게 역할분담이 이루어지고, 또 서로 협력할 수 있는 가능성도 열리게 됩니다. 청소년이라는 한 단어를 가지고 싸우는 것이 아닌 서로 상생의 관계가 될 수 있습니다.

가정에 대한 단어도 마찬가지입니다. 가정이라는 단어 자체로 싸우기보다는 가정 내 복지 — 적절한 단어가 생각나지 않습니다 — 라는 개념으로 축소함으로써 사회복지 내에 가족복지가 생존해야 합니다. 그리고 사회복지에서 가족복지로 그 영역이 확장된 것처럼, 가족복지의 영역을 가족 전체로 확장시켜야 합니다. 후발주자들이 사용하는 전략을 우리 사회복지도 똑같이 사용해야 합니다. 단, 여기에는 다음 두 가지 전제가 있습니다.

첫째, 사회복지 분야 자체가 핵심단어로서 반드시 소외계층이라는 단어를 소유해야 합니다. 그리고 이를 위해 부단히 노력해야 합니다. 둘째, 각 분야별로 확장해 나갈 때에도 소외계층이라는 핵심단어에 맞게 확장해야 합니다. 이 두 가지가 전제되지 않으면 외부의 공격에 바로 허물어질 수 있는 모래성과 같을 뿐입니다.

철저한 자기반성과 실천

이런 관점에서 보면 지금까지 사회복지는 철저하게 자기반성과 실천이 선행되어야 합니다. 그동안 사회복지는 대중으로부터 소외된 이웃이라는 단어를 부여받았지만, 소외된 이웃을 위해 좀 더 철저히 활동하지 못했고 소외된 이웃을 위한 서비스 개발에 소홀했습니다.

단적인 예로, 소외된 국민에게 직접적 영향을 미치는 국민기초생활보장법국기법을 이야기해보겠습니다. 이 법의 내용은 과연 누구에게 물어보아야 할까요? 수급자 선정 운동은 과연 누가 해야 할까요? 이에 대해 일반 대중은 누가 가장 잘 안다고 생각할까요?

얼마 전, 저는 한 복지관에서 프로그램 참여자를 대상으로 국기법에 대하여 자세히 설명할 기회가 있었습니다. 그런데 참여자 중 한 분이 제 말을 가로막더니 대뜸, "당신은 뭐하는 사람이냐?"고 물어 보았습니다. 그래서 저는 사회복지사라고 대답했습니다. 그랬더니 그분은, "보통 사회복지사는 국기법에 대해서 이렇게 알지 못하고 설명도 해주지 않는데, 당신은 도대체 뭐하는 사람이냐?"라고 하였습니다. 그 분 입장에서는 최소한 사회복지사는 국기법에 대해서 모르는 사람이라는 뜻입니다. 이렇게 생각하는 수급자들이 많다면 정말 큰 일입니다.

국기법이 사회복지사의 것이 아니라고 생각한다면 빈곤이라는 단어도 우리 것이 아니라고 생각할 수 있기 때문입니다. 저는 실제로 국기법과 관련한 시민단체의 활동 내용이 사회복지의 것보다 머릿속에 더 깊게 남아 있습니다. 이 얼마나 어처구니없는 일입니까?

제가 오해한 것일까요? 실제로 사회복지사들과 이야기해보면 국기법에 대해서 몰라도 너무 모른다는 생각을 합니다. 사회복지사는 청소년복지, 아동복지, 여성복지의 담당자이기 이전에 사회복지사입니다. 그런데 사회복지사가 국기법에 대해서 모른다면? 이것은 일반 대중에게 있어 사회복지가 소외계층이라는 단어를 소유하는 데 큰 장애물이 됩니다. 국기법의 상징적 의미가 얼마나 큰지 사회복지계는 전혀 모르고 있는 것 같습니다. 학교도 모르고, 현장도 모르는 것 같습니다. 단지, 동사무소 전문요원만 알고 있으면 된다고 하는 것 같습니다. 하지만 이런 현상이 계속되면 결국 부메랑이 되어 사회복지의 핵심단어를 흔들 것입니다. 사회복지 자체의 위기를 불러올 것입니다.

> 사회복지가 소외계층이라는 단어를 소유하기 위해서는 소외계층이 겪는 어려움에 대해 누구보다 잘 알고, 이러한 상황이 발생했을 때 대처방법을 알려주며, 또 정부에 대책을 요구하는 활동들을 해야 한다고 생각합니다.

또 한 가지 예를 들어보겠습니다. 사회복지사 여러분은 카드깡, 돌려막기, 워크아웃, 채무, 사채, 신용카드 대환대출, 법원이행명령서, 가압류, 본압류, 통장압류, 급여압류, 경매, 낙찰 등에 대해서 얼마나 아십니까? 사회복지가 소외계층이라는 단어를 소유하기 위해서는 소외계층이 겪는 어려움에 대해 누구보다 잘 알고, 이러한 상황이 발생했을 때 대처방법을 알려주며, 또 정부에 대책을 요구하는 활동들을 해야 한다고 생각합니다. 그렇게 했을 때 사회복지가 소외계층이라는 단어를 소유할 수 있습니다.

하지만 사회복지사 중에서 이러한 것에 대해서 아는 사람은 거의 아무도 없습니다. 이런 문제를 만나면 모두 다 머릿속으로 문제해결능력의 강화 같은 내적 강화에만 신경쓰지, 실제로 압류 등의 문제는 나몰라라 하고 있습니다. 지금 당장 급한 불이 났는데, 불을 끄기 위해서는 물을 나를 수 있는 기초체력이 중요하니, 헬스장에 가자고 하는 격입니다. 내적 강화를 무시하는 게 아니라, 사회복지사가 너무 편중된 방향으로 개입하고자 한다는 것을 지적하는 것입니다.

> 사회복지가 핵심단어를 소유하게 되면 이를 기반으로 해서 사회복지의 영역을 재확장해야 합니다. 하지만 이전처럼 대상 전체로 확장하는 것보다는 대상층의 소외문제에 집중적으로, 핵심적으로 파고들어야 합니다.

사회복지사는 빈곤가정에 심각한 영향을 미치는 카드깡, 돌려막기, 워크아웃, 채무, 사채, 신용카드 대환대출, 법원이행명령서, 가압류, 본압류, 통장압류, 급여압류, 경매, 낙찰 등에 대해서 정확히 알아야 하고 정보를 제공해야 합니다. 그리고 대변해야 합니다. 그래야 수급자가 사회복지에게 소외계층이라는 단어를 확증하고, 대중이 사회복지에게 소외계층이라는 단어를 확증합니다. 그래야 확실한 선점이 되는 것입니다.

요컨대, 사회복지는 위기입니다. 하지만 방법이 없지 않습니다. 먼저, 사회복지 분야 자체가 소외계층이라는 단어를 소유할 수 있도록 사회복지사협회에서부터 사회복지사 개개인이 능력을 갖추고 최대한 활동할 수 있어야 합니다. 이렇게 했을 때 사회복지가 핵심단어를 소유할 수 있게 됩니다.

사회복지가 핵심단어를 소유하게 되면 이를 기반으로 해서 사회복지의 영역을 재확장해야 합니다. 하지만 이전처럼 대상 전체로 확장하는 것보다는 대상층의 소외문제에 집중적으로, 핵심적으로 파고들어야 합니다. 그렇게 함으로써 결국 대상 자체에까지 복지를 확장시켜야 합니다. 그렇게 되면, 튼튼한 확장이 되므로 결코 공격받지 않으며, 때로는 무지막지한 공격자가 무모한 공격을 한다 하더라도 거뜬히 막아낼 수 있습니다. 인식과 논리, 합리적 싸움의 경우에는 더욱더 견고해집니다. 게다가, 이토록 견고해지면 이후에는 좀 더 넓은 영역을 사회로부터 부여받게 됩니다. 브랜드 자산이 쌓이면 쌓일수록 기대도 높아지고 확장이 용이하기 때문입니다.

사회복지도 이제 브랜드시대입니다. 고객을 위해서… 복지발전을 위해서…

Social Work
Brand Strategy

Social Work
Brand Strategy

제2부
적용하기 전 읽어야 할 조언

1 하나만이라도 제대로 해야 한다: 선택과 집중

복지관은 하나만이라도 제대로 해야 합니다. 지금까지 복지관은 전체를 다 잘 하려 해왔습니다. 하지만 전체를 다 잘 하려는 노력은 결국 하나도 제대로 못하는 결과를 가져온다는 것이 증명되고 있습니다. 지역사회복지관의 위기가 바로 그 증거입니다. 바로 여러분이 일하고 있는 지역사회복지관이 그런 이유로 어려움에 처해 있습니다.

우리는 이제 하나만이라도 제대로 해서 인정을 받고 이를 기반으로 확장시켜야 합니다. 모든 것을 다 잘 하려 하는 몽상에서 벗어나야 하는 것입니다. 이 세상에 수퍼맨은 없습니다. 그런데 사회복지사는 수퍼맨이 되기 위해 애쓰는 모습을 자꾸 보여 안타까운 마음이 한없습니다.

세상은 선택과 집중에 매달리고 있습니다. 기업의 영역에서 선택과 집중의 핵심인 키워드가 바로 브랜드 전략입니다. 그리고 각

기업에서 브랜드 전략은 이제 가장 기본적인 경영 기법이 되었습니다. 기업의 능력이 우리보다 모자라기 때문일까요? 아닙니다. 어떻게 생각하면 기업의 능력은 우리의 것보다 더 뛰어날지도 모릅니다. 그럼에도 불구하고, 선택과 집중을 하는 이유는 무엇일까요? 바로 생존을 위해서입니다. 하나라도 제대로 해서 생존하려는 것입니다.

세상은 선택과 집중에 매달리고 있습니다. 기업의 영역에서 선택과 집중의 핵심적인 키워드가 바로 브랜드 전략입니다.

그러면 복지관은 어떻게 해야 할까요? 복지관도 선택과 집중에 따라 하나만이라도 제대로 해야 합니다. 앞에서 복지관 브랜드 전략을 위해 대표 프로그램을 선정해야 한다고 말씀드렸습니다. 한 가지 프로그램이라도 제대로 하면 복지관 브랜드는 책임질 수 있습니다.

앞으로 몇 년 지나지 않아, 시민들은 복지관과 사회복지사에게 너희가 존재해야 하는 이유를 대라고 할 것입니다. 그때 우리는 제대로 한 일을 하나라도 보여주어야 합니다. 사람들이 모두 다 고개를 끄덕일 수 있는 하나! 바로 그 하나만이라도 제대로 해야 합니다. 그것이 생존할 수 있고 꿈을 이룰 수 있는 유일한 방법입니다.

김구 선생님이 남기신 나의 소원을 발췌하였습니다.

≪"네 소원이 무엇이냐?" 하고 하나님이 물으시면, 나는 서슴지 않고,

"내 소원은 대한독립이오" 하고, 대답할 것이다.

"그 다음 소원은 무엇이냐?" 하면, 나는 또

"우리나라의 독립이오" 할 것이요, 또

"그 다음 소원이 무엇이냐?" 하는 셋째 번 물음에도, 나는 더욱 소리를 높여서

"나의 소원은 우리나라 대한의 완전한 자주독립이오"하고 대답할

것이다.

동포 여러분!

나 김구의 소원은 이것 하나밖에는 없다. 내 과거의 70평생을 이 소원을 위해 살아왔고, 현재에도 이 소원 때문에 살고 있고, 미래에도 나는 이 소원을 달하려고 살 것이다.≫--『백범일지』(김구, 2002) 중에서.

2 선택과 집중을 아우르는 네트워크가 있어야 한다

경쟁이 아닌 차별성을 높여라

사회복지관의 브랜드 전략에 대해서 말씀드리면서 한가지 의문점이 들 것입니다. 다른 복지관과 차별성을 두어야 하는데, 그러면 복지관끼리 경쟁해야 한다는 것인가? 지금도 복지관끼리 경쟁하느라 피곤해 죽겠는데, 오히려 경쟁을 부추기는 것은 아닌가 하는 의문 말입니다.

맞습니다. 저는 복지관끼리의 경쟁은 복지관 스스로를 죽이는 일이라 생각합니다. 얼핏 복지관끼리 경쟁해야 한다는 것처럼 보일 수 있습니다. 하지만 저는 브랜드 전략을 통해 각 복지관들이 차별성을 가져야 한다고 생각하지, 경쟁해야 한다고 생각하지 않습니다.

시각을 조금 넓게 보면, 복지관이 대표사업을 몇 가지 하는 것만으로 지역사회의 복지문제가 해결되는 것이 아닙니다. 그렇다고 모든 문제에 다 대응하는 것도 문제해결에 도움이 되지 못합니다. 결

> 사회복지관은 대표사업을 선정해서 노력하되, 이것이 일정 지역 내 복지관끼리 역할 분담이 되어 서로 차별성은 인정하되, 서로가 가진 대표사업을 각 복지관들이 공유하여 활용할 수 있도록 해야 합니다.

국, 사회복지관은 대표사업을 선정해서 노력하되, 이것이 일정 지역 내 복지관끼리 역할 분담이 되어 서로 차별성은 인정하되, 서로가 가진 대표사업을 각 복지관들이 공유하여 활용할 수 있도록 해야 합니다. 대표사업으로써 기관의 차별성도 획득하고, 공유로써 혼자 해결할 수 없는 문제를 공동 대처한다는 것입니다. 이를 위한 네트워크가 바로 핵심적인 방법이 되어야 합니다.

네트워크를 통해 사회복지관 전체의 존재 이유를 만들어라

네트워크 없이 브랜드 전략만 사용하면 자칫 무한 경쟁으로 빠져들 수 있습니다. 그러나 네트워크가 잘 구성되어 있으면서 브랜드 전략을 사용하면, 오히려 서비스의 중복 지원도 막으며, 전문적 프로그램의 개발 및 공유를 통한 확산까지 이루어낼 수 있게 됩니다. 결국, 사회복지계 자체가 존재해야 하는 이유와 근거를 지역사회에 제시할 수 있게 된다는 것입니다.

네트워크를 위해서는 지역단위로 있는 사회복지협의회의 역할이 무엇보다 중요하다고 생각합니다. 사회복지협의회는 각 복지관의 차별성을 조정해주면서도 사회복지 전체의 발전을 위해 지역단위 사회복지에 대한 브랜드 전략을 사용할 수 있어야 합니다.

어차피 비영리와 영리, 사회복지와 시민단체의 경계가 희미해진 상황에서 사회복지 내부의 경쟁과 진입장벽은 우리의 존재 근거가 될 수 없으며, 오히려 협의회 차원에서 사회복지의 존재 근거를 일반 시민을 대상으로 하여 명확히 제시하여 공감대를 획득해 내는 것이 훨씬 효과적일 것입니다.

사회복지의 존재이유를 시민이 공감하고, 복지관 간의 네트워크가 치밀히 이루어지면, 복지관은 자신의 전문적 영역을 키우면서도 이를 서로 공유하기 때문에 복지서비스 전체의 질적 향상을 이루어낼 수 있을 것입니다. 결국, 시민으로부터 정체성도 인정받아 복지관에서 근무하는 것이 행복해질 수 있을 것입니다.

> 무조건 경쟁하고 구조조정하는 것이 능사가 아니라는 것입니다. 오히려 브랜드 전략을 사용하는 기업의 경우에는 이와 반대의 전략을 사용하기도 합니다.

긴장해라, 진실의 순간이 오고 있다

하지만, 브랜드와 네트워크적 관점에서 지금의 사회복지계는 방향을 잘못 잡고 있다고 생각합니다. 대부분 평가를 통해 진입장벽을 만들고, 또한 평가를 근거로 많은 일을 했다고 하면서 사회복지의 존재 근거를 제시하려 하고 있습니다. 어쭙잖게 시장경제 원리를 도입한다고 하면서 재위탁기간을 줄이고 복지관을 경쟁 구도로 몰아넣고 있습니다. 그리고 이것이 현재 사회복지관의 정체성 위기에 해결책이 될 수 있다고 이야기합니다.

하지만 어쭙잖게 벤치마킹하는 것은 사회복지관 전체를 죽이는 일이 됩니다. 지금 기업들은 살기 위한 방법으로 경쟁원리를 강화하는 것이지, 경쟁원리를 강화하는 그 자체가 목적은 아닙니다. 무조건 경쟁하고 구조조정하는 것이 능사가 아니라는 것입니다. 오히려 브랜드 전략을 사용하는 기업의 경우에는 이와 반대의 전략을 사용하기도 합니다. 유한킴벌리의 경우는 오히려 전 직원의 평생고용을 보장해주면서 근로시간 단축과 임금보장으로 IMF의 위기를 슬기롭게 뛰어넘었습니다. 남들이 다 하는 경쟁원리를 어쭙잖게 접목하지 않고, 오직 생존의 목표를 위한 노력으로 성공했습니다. 살아남는다는 목적 달성에 초점을 맞추어야 하지, 방법에만 연연하는 것은 옳지 않습니다.

그런데 사회복지계는 현재 어쭙잖은 벤치마킹으로 조직에 칼을 대고 있으며 이것이 현안에 대한 유일한 정답인 것처럼 오해하고 있습니다. 어떤 관점으로 보느냐에 따라 적합할 수도 있고, 그렇지 않을 수도 있는 것을 오직 옳은 것이라고 주장하면서 강요하고 있는 것입니다.

그런데 시장원리에서 나온 브랜드 마케팅의 입장에서 보면 사회복지관의 평가는 참으로 한심하기 그지없습니다. 프로그램에 대한 고객의 생각을 평가하는 것이 아니라 이를 서류화한 보고서를 평가합니다. 소식지에 대한 평가만 봐도 1년에 4회 이상 발간했는지 여부로 평가를 내리지 그것이 얼마나 효과적으로 활용되었는지를 측정하는 것은 아닙니다. 참 한심하고 또 한심합니다. 위탁심사기간도 3년으로 줄이는 것이 투명성을 높이는 것이라 하지만, 브랜드 마케팅에서 3년은 브랜드라는 것 자체를 알리는 데만도 부족한 시간입니다. 재위탁기간이 3년이라는 것은 결국 3년 안에 결과가 나오는 프로그램에 매달려야 한다는 말입니다. 그래야 재위탁을 받을 수 있기 때문입니다. 이런 상황이면 브랜드는 물건너가고, 복지관이 지역주민으로부터 브랜드 자산을 획득하는 것도 물건너간 것입니다. 이를 강요하고 있는 것입니다.

삼성도 그 엄청난 조직력을 가지고 있으면서도 전 세계적인 브랜드가 되기까지 20년 가까이 걸렸습니다. 20년 전에는 브랜드에 대해 아무도 신경쓰지 않았지만, 이제는 브랜드가 엄청난 자산이 되어 있습니다. 드디어 브랜드의 가치를 인정하는 것입니다. 그런데 사회복지는 오히려 이러한 흐름과는 반대로 3년마다 재위탁을 적용하고 있는데 브랜드 마케팅의 관점에서 보면 정말 말도 안 되는 것입니다.

복지관의 생존 근거로 가장 근원적인 것은 무엇입니까? 바로 시민이 필요로 하기 때문일 것입니다. 만약 시민이 필요로 하지 않는다고 생각하고, 시민을 신경도 쓰지 않는다면 복지관은 언젠가 어떤 형태로든 정리되는 시기를 맞고야 말 것입니다. 복지관의 생존에 가장 핵심적인 키워드는 바로 시민이 되어야 합니다. 그리고 시민을 우리 편으로 만들려면, 또 시민의 입에서 복지관이 필요하다는 말이 나오도록 하려면, 무엇보다 핵심경쟁력인 서비스의 질적 향상과 더불어 커뮤니케이션과 브랜드 전략이 필요합니다. 저는 브랜드 마케팅을 사회복지에 적용해야 한다고 주장하지만, 이것만이 정답이라고 강요할 생각은 없습니다. 이에 대한 선택은 각각의 복지관이 해야 합니다. 생존을 위해 노력하는 것은 각 기관의 몫이기 때문입니다.

> 시민을 우리 편으로 만들려면, 또 시민의 입에서 복지관이 필요하다는 말이 나오도록 하려면, 무엇보다 핵심경쟁력인 서비스의 질적 향상과 더불어 커뮤니케이션과 브랜드 전략이 필요합니다.

하지만 지금의 형국은 각각의 복지관이 최선의 노력을 다 할 권리조차 없습니다. 평가틀이 정해져서 내려오고, 이에 따라 1등이 발표되는 상황에서는 권리는 있되 누릴 수는 없습니다. 브랜드 전략을 사용하면 평가도 좋지 않고, 재위탁심사도 불리한데 이를 선택할 배짱을 가진 기관이 얼마나 되겠습니까? 강요하지 않는다고 하지만 강요하고 있는 것입니다.

사회복지관이 브랜드 마케팅을 차용하든 하지 않든, 그것은 그 기관의 선택으로 맡겨야 합니다. 그러나 중요한 것은 분명히 MOT가 올 것이라는 점입니다. 시민사회가 복지관과 만나는 진실의 순간이 온다는 것입니다. 사회복지가 그동안 제도와 평가의 진입장벽 속에서 잘한다라고 외쳐오면서 자신의 존재 근거를 댔지만, 시민들이 그것이 사실인지 알게 되는 MOT가 분명히 오게 될 것이고, 이 때 사회복지관은 큰 위기를 만나게 될 것입니다.

저는 지금의 상황이 걱정되기보다는 앞으로 다가올 MOT가 너무나 무섭습니다. 자칫 심판이 될 수 있는 진실의 순간이 다가오고 있는데 아직도 온실 속에서 아무것도 모른 채 자신의 삶을 던져 열심히 일만 하고 있는 대부분의 사회복지사들이 겪게 될 큰 좌절이 무섭습니다.

3 체계이론을 바로 우리 자신에게 접목해라

방사형 생각을 찾아서

우리는 어릴 적부터 직선형 교육을 받았습니다. 'A → B → C' 와 같이 말입니다. 정답이 항상 있으며, 정답과 다른 답을 적으면 빨간 색연필로 쭉 그어버립니다. 틀렸다는 것입니다. 하지만 과연 이것이 진실일까요? 시험시간에는 진실일지 몰라도 인생을 겪어볼수록 진실이 아닌 것처럼 보입니다. 어쩌면 우리네 인생의 문제는 정답을 찾는 것이라기보다는 얽혀있는 상황에서 누가 더 여러 요소를 관통하는 핵심을 잡아내는가의 문제라는 생각이 많이 듭니다.

"어디로 이사를 가야 할까?"
"우리 아이 학원을 보내야 할까, 말아야 할까?"
"지금 친구들과 한 잔 할까, 아니면 집에 갈까?"
"이번 휴가는 섬으로 갈까, 산으로 갈까, 바다로 갈까?"

> 체계이론에 따르면, 개인과 개인을 둘러싼 환경에 대하여 통합적으로 생각하여 접근하고 가장 영향력 있는 요소에 개입하면서 주변 요소들이 긍정적인 기능을 할 수 있도록 이를 통합적으로 조정합니다.

"직장을 구해야 하는데, 어떤 직장이 좋을까?"

여기서 정답은? — 없습니다. 단, 둘러싸고 있는 다양한 요소들을 얼마나 통합적으로 생각하여 가장 만족스러운 선택을 하느냐의 문제일 뿐입니다.

고등학교를 졸업한 후 저는 한동안 혼란스러웠습니다. 학교에서 배울 때 알았던 삶과 실제로 맞닥뜨리게 되는 현실은 너무나 차이가 있었기 때문입니다. 학교에서는 정답과 오답이 명확했습니다. 머리는 3센티, 옷은 교복, 문제 틀리면 한 대 맞고, 앞에 있는 친구가 틀려도 선생님이 주위 4명 다 나와 하면 같이 나가서 한 대씩 맞고, 명찰 안 달면 기합 받고 등등.

그런데 사회에 나오니 소위 운동권이라는 나빠 보이던 사람들 중에는 자신의 생각을 실천하는 멋진 사람들이 많았습니다. 수업은 땡땡이를 쳐도 자유라고 했습니다. 고등학생 때까지는 나쁜 운동인 줄 알았던 당구가 참으로 재미있었습니다. 그리고 정답, 오답을 가리는 것조차 흑백논리라는 이야기를 들었습니다. 결국 한동안 아무 말도 못하는 기간이 있었습니다. 도대체 할 수 있는 말이 하나도 없었습니다. 혹시라도 틀린 말을 하면 어쩌나 걱정이 되었기 때문입니다.

하지만, 어느 날 '틀렸다'는 것을 '다르다'로 바꾸었더니 조금 숨통이 트였습니다. '다르다' 라고 했더니 이제야 상대방의 이야기를 들을 수 있었고, 저도 제 이야기를 할 수 있었습니다. 그리고 제 이야기도 고칠 수 있게 되었습니다. 상대방의 생각도 제 생각에 통합해서 생각하기 시작한 것입니다. 다르다고 생각해보니 상대방의 말을 충분히 듣고, 충분히 생각한 후에 제 생각을 고쳐도 된다는 판단이 들었습니다. 얼마나 편한지 모릅니다. 게다가, 제 생각이 더욱더 성숙해짐을 느꼈습니다.

이 세상에는 너무나 많은 이론, 너무나 많은 환경이 있으며 이것들은 각기 따로 존재하지만 모두 우리에게 영향을 미치는 것으로 생각해야 합니다. 그리고 이를 통합적으로 생각하기 위해서는 직선형 사고보다는 방사형 사고가 더 적합하다고 생각합니다.

이러한 생각이 사회복지에서 가장 적극적으로 반영된 것이 'Case management', 즉 사례관리이고 사례관리의 근간을 이루는 것이 바로 체계이론이라 생각합니다. 체계이론에 따르면, 개인과 개인을 둘러싼 환경에 대하여 통합적으로 생각하여 접근하고 가장 영향력 있는 요소에 개입하면서 주변 요소들이 긍정적인 기능을 할 수 있도록 이를 통합적으로 조정합니다.

사례관리에 대해 좀 더 이야기 해보겠습니다. 비행청소년 문제라면 어떻게 접근해야 할까요? 상담을 통해 개인이 비행행동을 줄이도록 심리치료를 해야 할까요? 사례관리자는 그렇게 접근하지 않습니다. 물론 개인상담도 하지만, 주변 환경요소도 함께 찾아봅니다. 부정적 요인과 긍정적 요인을 찾아내고, 긍정적 요인은 지속적인 강점이 될 수 있도록 강화시키며, 부정적 요인의 경우 이를 긍정적 요인으로 만들거나, 또는 그 영향력을 약화시킬 수 있도록 개입합니다. 이렇게 청소년의 적응력을 높이되, 청소년으로 하여금 비행행동을 하도록 영향을 주었던 환경 또한 변화시킴으로써 향후 청소년의 비행행동 자체를 약화시키는 좀 더 근본적인 개입을 실시합니다. 방사형 생각의 절정을 우리도 이미 만나고 있었던 것입니다.

마찬가지입니다. 우리 복지관의 존재이유를 찾는 것, 그리고

> 우리 복지관의 존재이유를 찾는 것, 그리고 브랜드를 만들어가는 과정 또한, 정답이 있다기보다는 우리 복지관에 더 적합한 것을 찾아가는 과정입니다.

브랜드를 만들어가는 과정 또한, 정답이 있다기보다는 우리 복지관에 더 적합한 것을 찾아가는 과정입니다. 그리고 복지관의 요소는 너무나 다양합니다. 운영법인, 직원, 프로그램, 주변환경, 지역의 요구 등등. 하지만, 직선형 사고로는 학교에서 배웠던 복지관의 정의를 벗어날 수 없습니다. 모든 복지관의 목적이 똑같은 이유는 모두 직선형 사고에서 벗어나지 못하고, 정답만 말해야 한다고 생각하는 데서 비롯됩니다.

복지관은 다양한 요소들을 통합한 방사형 사고를 통해 구체적이고, 명확한 존재이유를 찾을 수 있습니다. 방사형으로 생각하기를 게을리 하지 마시기 바랍니다. 지금은 방사형 생각이 더욱더 필요한 시기입니다.

4. 비전에 따라 조직을 재구성하라

아이디어맨 VS 돌쇠

A회사의 회의시간입니다. 요즘 A회사는 내년에 어떤 전략을 사용하여 수익을 만들어낼 것인지 고민하고 있습니다. 그리고 두 직원이 사장 앞에서 각자의 전략을 발표하는 시간을 가지고 있습니다.

아이디어맨은, "새로운 아이디어를 가지고 왔습니다. 이를 통해 우리는 발전할 수 있을 것입니다"라고 발표했고, 돌쇠는 "굳이 지금 사용하고 있는 전략을 바꾸어야 하지 않는다면, 이전 전략을 꾸준하게 유지하고자 합니다"라고 발표하였습니다. 여러분은 어떤 직원이 마음에 드십니까? 아이디어맨입니까, 돌쇠입니까?

브랜드적인 관점에서 보면 돌쇠가 더 적합한 직원입니다. 물론, "돌쇠가 옳다"가 아니라 "적합하다"는 것입니다. 마케팅이란 시장의 상황에 따라 다양한 대처를 만들어간다는 개념이 강하다면 브랜드는 한 번 정해진 브랜드 이미지를 일관성 있게 유지하고 제공한

> 브랜드 마케팅은 돌쇠의 전략에 가깝습니다. 한 번 정하면 이를 쭉 밀고 나가 고객이 갖는 브랜드에 대한 고정관념을 강화시켜 나가는 것입니다.

다는 개념이 더 강합니다. 브랜드 마케팅은 돌쇠의 전략에 가깝습니다. 한 번 정하면 이를 쭉 밀고 나가 고객이 갖는 브랜드에 대한 고정관념을 강화시켜나가는 것입니다. 이렇게 축적된 브랜드 이미지가 흔히 말하는 브랜드 자산이 됩니다. 브랜드에서 일관성은 참으로 중요합니다.

모두 헤쳐 모여!

브랜드가 일관성을 유지한다는 이야기는 복지관의 내부적 요소들이 일관성을 가질 수 있게 새롭게 배치되어야 함을 의미합니다.

육상에서 달리기 종목을 예를 들어 보겠습니다. 100미터 달리기 선수를 봅시다. 우람한 근육이 먼저 보입니다. 여자 선수도 남자 선수 못지않습니다. 신발은 스파이크로 제작되었고, 출발선에서는 최대한의 스피드를 위한 일정한 출발자세를 갖춥니다. 공기의 저항을 줄이기 위해 몸에 착 붙는 경기복을 착용하며 심지어 머리를 빡빡 밀어버리거나, 머리까지 감싸는 경기복을 착용하기도 합니다. 게다가, 결승선을 통과할 때에는 조금이라도 시간을 단축하고자 상체를 최대한 앞으로 숙입니다. 간혹 너무 심하게 숙여서 넘어지는 선수도 있습니다. 짧은 10초의 경기이지만 그 순간만큼은 손에 땀을 쥐고 결과를 보게 됩니다.

이에 비해, 마라톤은 사실 조금 재미없어 보입니다. 먼저, 2시간이라는 오랜 시간이 걸립니다. 마라톤 중계를 들으면 별별 얘기들이 다 나옵니다. 그리고 운동선수의 겉모습은 100미터 선수에 비해 그다지 전문적이지도 않아 보입니다. 선수들의 옷은 헐렁헐렁해서 아침 일찍 학교 운동장에서 뛰는 사람들 옷과 별반 달라 보이지 않으며, 전체적으로 공기저항은 전혀 신경쓰지 않는 듯 거추장스러워 보이는 시계를 차고, 눈 보호를 위해 선글라스까지 착용하기도 합니다. 어떤 선수는 수염을 기르고 목걸이도 했습니다. 출발자세도 그냥 서서 출발하고 중간에 물도 마시며 머리에 붓기까지 하면서 달립니다. 또, 모두 빼빼 마른 선수뿐입니다. 같은 달리기이지만 어느 정도의 길이를 달려야 하느냐에 따라 준비하는 선수의 자세가 이 정도로 차이가 납니다.

> 브랜드 마케팅은 일관성을 가지고 꾸준히 실천해야 하는 마라톤과 같습니다. 이를 추구하기 위해서는 내부 조직도 일관성에 맞게 조정해야 합니다. 100미터 달리듯 달려서는 결코 42.195km의 마라톤을 완주할 수 없기 때문입니다.

브랜드 마케팅은 일관성을 가지고 꾸준히 실천해야 하는 마라톤과 같습니다. 이를 추구하기 위해서는 내부 조직도 일관성에 맞게 조정해야 합니다. 100미터 달리듯 달려서는 결코 42.195km의 마라톤을 완주할 수 없기 때문입니다. 기관의 조직구성을 가능한 한 일관성에 맞게 조정해야 하며, 직원의 업무량이 장기적 목표를 달성하기에 무리가 될 정도로 부여되어 있다면 이를 과감하게 감량시켜주어야 합니다. 그리고 브랜드 컨셉에 맞는 대표사업을 선정하여 장기적으로 실천하도록 하며, 대표사업에서 지속적인 차별성을 가질 수 있도록 지속적인 투자가 이루어져야 합니다. 이 외에도 조정되어야 할 부분은 많이 있습니다.

브랜드와 관련해서 사업과 조직이 상당히 가변적이고 즉흥적으로 움직이게 된다면 고객은 이를 보면서 무엇을 고정관념으로 삼아야 하는지 혼돈하게 되고, 이는 브랜드자산 구축을 방해하는 요소로 작용합니다. 브랜드 전략을 사용한다는 것은 조직 또한 마라톤과 같은 장기레이스에 맞추어 변화가 필요함을 이야기합니다.

옛말에 긴 호흡으로 가야 한다는 말이 있습니다. 한 번에 모든 힘을 집중시키는 것은 짧은 순간에만 가능하고, 멀리 보고 가야 할 때에는 긴 호흡으로 가야 합니다. 복지관도 브랜드 전략을 사용한다면 길게 바라보아야 하고, 조직도 긴 호흡을 가질 수 있도록 모두 헤쳐 모이도록 해야 합니다.

5 틀 밖에서 생각할 줄 알아야 한다

코카콜라의 경쟁자는 누구?

재미있는 질문을 던져보겠습니다. 펩시는 누구를 경쟁자로 생각하고 있을까요? — 코카콜라? 맞습니다. 펩시는 코카콜라를 경쟁 상대로 삼고 열심히 노력하고 있습니다.

그렇다면 반대로 코카콜라가 생각하는 경쟁자는 누구일까요? 펩시일까요? 코카콜라는 콜라시장에서 1위를 달리고 있는 브랜드입니다. 펩시는 2위를 달리고 있구요. 그렇다면 코카콜라가 자신보다 못한 브랜드 파워를 가진 펩시를 상대로 경쟁하고 있을까요? 여러분이 코카콜라의 사장이라면 누구를 경쟁자로 선정하시겠습니까? — 펩시? 사이다? 그런데, 코카콜라의 결정은 참으로 달랐습니다. 코카콜라는 경쟁자를 물로 선정한 것입니다. 생각이 기발합니다. 왜 경쟁자를 물로 선정했을까요?

코카콜라는 전 세계적으로 가장 많이 팔리는 음료수입니다. 따라서, 콜라시장에서 코카콜라는 확실한 1위입니다. 경쟁자가 없는 것입니다. 지금처럼만 해도 만족할 만하고, 더 달성해야 하는 목표도 없어져 버린 것입니다. 물론 의욕도 사라져 버렸습니다. 하지만 코카콜라는 여기서 멈추지 않았습니다. 코카콜라가 뛰어야 하는 시장을 콜라에서부터 마실 것의 영역으로 넓혔습니다. 이렇게 되자 시장점유율 분석이 확 달라졌습니다. 콜라가 아무리 많이 팔린다 해도 사람들이 매일 열심히 마시는 물을 따라잡을 수 없게 된 것입니다. 사람들은 매일매일 물을 마시지만, 코카콜라는 물보다 적게 마시는 음료가 되었습니다.

이렇게 시각을 바꾸어 시장을 재설정하자, 거대한 경쟁자가 눈앞에 나타났습니다. 코카콜라에게 새로운 경쟁자가 생기자, 코카콜라는 다시 뛰어오를 수 있었습니다. 왜 물을 그토록 마시는지, 언제 마시는지 연구해서, 결국 사람들이 코카콜라를 물대신 마실 수 있도록 하려고 다시 뛰게 된 것입니다.

틀 밖에서 경쟁자를 찾아보자

코카콜라의 예는 어떠한 시각을 가지느냐에 따라 경쟁자가 달라지고, 브랜드가 사용할 무기 또한 달라질 수 있음을 나타냅니다. 펩시와 경쟁할 때와 물과 경쟁할 때는 당연히 마케팅 믹스도 달라지고 전략도 달라질 수밖에 없기 때문입니다.

이와 같이, 경쟁자 설정의 문제는 내 브랜드를 어떻게 인식하고 있느냐, 어떤 관점으로 바라보느냐, 즉 관점의 문제가 됩니다. 다른 예를 들어보겠습니다. 어떤 관점을 취하느냐에 따라 다음 상품들은 경쟁자를 달리 설정할 수 있습니다.

지하철 내 원두커피 전문점의 경쟁자는 스타벅스가 아니라, 오히려 지하철 내 커피자판기일 수 있으며, 웅진룰루비데의 경쟁자는 기타 비데 브랜드가 아니라 화장지일 수 있으며, 식기세척기의 경쟁자는 기타 식기세척기 브랜드가 아니라 직접 하는 설거지가 될 수 있습니다.

그러면 경쟁자는 어떤 기준에 따라 설정하는 것이 좋을까요? 바로 소비자의 관점으로 정의해야 합니다. 식기세척기의 예를 들어 설명해 보겠습니다.

사람들은 그릇을 깨끗이 씻고자 할 때 마음 속으로 몇 가지 해결책을 떠올립니다. 바로 이 몇 가지 해결책들이 바로 식기세척기의 경쟁자가 됩니다. 그리고 이 중에서 가장 많은 사람들에게 선택받고 있는 것이 주 경쟁자입니다. 저는 설거지야말로 식기세척기의 가장 강력한 주 경쟁자가 될 수 있다고 생각합니다.

이러한 관점에 따르면 식기세척기가 쓰러뜨려야 할 주 경쟁자는 설거지가 됩니다. 일단, 경쟁자가 설거지가 되면 승리를 위해 설거지의 약점을 찾고, 설거지와 비교하여 식기세척기가 가지고 있는 장점을 부각하는 전략을 취하게 됩니다. 그러나 만약 다른 식기세척기 브랜드를 경쟁자로 삼는다면 그에 따라 광고하는 내용도 확연히 달라질 것입니다.

소비자의 관점, 이것이 중요합니다. 소비자는 선택의 주체임을 기억해야 하며, 소비자의 관점에 따라 경쟁자를 제대로 설정해야 진정 소비자에게 선택받을 수 있음을 기억해야 합니다 — 소비자의 관점에 따른다는 것이 반드시 1위 브랜드를 배제한다는 것은 아닙니다. 소비자의 관점에서 먼저 떠오르는 것이 1위 브랜드일 수도 있으므로

> 소비자의 관점, 이것이 중요합니다. 소비자는 선택의 주체임을 기억해야 하며, 소비자의 관점에 따라 경쟁자를 제대로 설정해야 진정 소비자에게 선택받을 수 있음을 기억해야 합니다

기존의 생각대로 1위 브랜드를 주 경쟁자로 삼을 수도 있습니다. '김치보관' 하면 가장 먼저 떠오르는 것이 '딤채' 인 상황에서는 2위 브랜드의 주 경쟁자는 '딤채' 가 되는 것입니다. 다만, 시장 자체를 확장시키는 전략은 선도적 위치를 차지하는 1위 브랜드 또는 정체된 시장에서 사용할 때 더 효율적일 수 있음을 기억하십시오 ―.

복지관의 경쟁자는?

그러면 복지관은 후원시장과 관련하여 어떻게 경쟁자를 설정해야 할까요? 단순하게 생각해서 다른 복지관일까요? 물론 맞을 수 있습니다. 하지만 좀 더 넓게 소비자, 즉 후원자의 관점에서 생각해 볼 필요가 있습니다.

여러분은 후원하면 떠오르는 곳이 어디입니까? 저는 공동모금회, 적십자, 방송국 전화 후원700국번, 구세군자선냄비, 종교기관, 월드비전, 시민단체 등이 먼저 떠오르고 복지관은 한참 후에야 떠오릅니다. 그렇다면 복지관의 주 경쟁자는 전국 단위 후원일 수도 있고, 종교기관이나 시민단체, 또는 복지관일 수도 있습니다. 이 중에서 누구를 경쟁자로 선정할 것인지는 타깃으로 삼는 고객에 대한 조사와 복지관이 속한 지역적 특성 및 경쟁력 등을 종합적으로 고려해 결정해야 할 것입니다.

이런 점에서 복지관은 지금까지 후원의 경쟁자를 알게 모르게 다른 복지관으로 한정지어 생각한 점이 있어 보입니다. 상호 공유도 하지 않고, 물밑으로 경쟁하는 모습을 보면 더욱더 경쟁자 같다는 생각이 듭니다. 하지만 어떠한 복지관도 후원시장에서 고객의 마음을 크게 얻지 못한 상황이라면 복지관끼리 경쟁하기보다는 다른 후원처보다 '복지관' 자체의 경쟁력을 높이는 것이 더 효율적이라 생각됩니다. 복지관끼리 서로 경쟁하기보다 후원시장에서 복지관이 차지하는 파워를 높여 복지관에 후원하는 비중 자체를 넓히면 각 기관에 돌아가는 후원액도 높아질 것이기 때문입니다. 대체로, 지금의 후원시장 상황에서 복지관의 경쟁자는 반드시 복지관이어야만 하지 않습니다. 때로는 서로 경쟁하지 말고, 협력할 줄 알아야 합니다. 여러분 복지관의 주 경쟁자는 누구입니까?

6 불가능이 아니라 몰라서 못하는 것이다

앞에서 말씀드린 것을 보면서, "도대체 이 많은 것을 어떻게 하느냐", "브랜드 전략과 후원자 관리만 하다가 세월 다 보내겠다"라고 생각하실 수 있습니다. 또한 "복지관의 상황에 대해 알고나 하는 이야기냐?"라고 반문하실 수 있으실 것입니다. 맞습니다. 앞에서 말씀드린 모든 것을 다 하려면 시간이 부족합니다. 하지만 복지관이 맞닥뜨린 어려움을 생각한다면 브랜드 전략을 통해 후원자를 확보하고 관리하는 일이 선택인 상황도 아닙니다. 그것은 필수적으로 해야 하는 상황인 이상 저는 이를 가능하게 할 방안으로 몇 가지 제안을 하고 싶습니다.

최소한의 노력을 들이도록 구조화하라

감사편지의 예를 들어보겠습니다. 감사편지는 브랜드 컨셉을 알려주면서 후원금에 대한 구체적인 사업보고까지 들어가야 하기 때문에 담당하는 사람은 여간 곤혹스러운 것이 아닙니다. 특히, 감사편지 중 사업보고를 후원담당자가 작성하게 되면 대단히 뭉뚱그려진 내용이 보고되어 효과가 떨어지고, 그렇다고 감사편지 전체를 사업담당자가 작성하게 되면 업무량이 많아져 부담이 커지게 됩니다.

따라서, 업무를 줄일 수 있는 방안을 모색해야 합니다. 저는 교회의 주보에서 이에 대한 해결책을 찾을 수 있다고 생각합니다. 대부분 중소규모의 교회에서는 주보를 만들 때 다음과 같이 만듭니다. 먼저, 주보에서 바뀌지 않는 부분, 즉 표지와 배경색 등은 미리 인쇄하여 대량으로 만들어 놓습니다. 그리고 인쇄된 종이 위에 매주 바뀌는 부분은 한글프로그램을 사용하여 프린트를 해서 사용합니다. 주보의 품질은 인쇄를 통해 확보하되, 매주 바뀌는 부분만 작업하면 되도록 구조화하여 업무량 또한 줄인 것입니다.

이를 복지관 감사편지에 구체적으로 적용하면 어떻게 될까요? 감사편지 중 브랜드 컨셉을 담당하는 부분은 A4의 경우, 8개월 치를 미리 작성하고, 이를 모두 같은 형식으로 규격화하여 미리 인쇄하는 것입니다. 물론 사업보고 부분은 미리 작성할 수 없기 때문에 여백을 두어 디자인해야 하겠습니다. 이렇게 하면 한 번 집중적으로 고민하면 매월 고정적인 부분은 자연스럽게 처리되기 때문에 후원담당자의 업무효율성도 높아집니다. 규격화된 후원 감사편지를 활용하는 사업담당자는 오직 자신의 사업에 대한 보고 부분만 한글로 작성하여 프린트하면 되므로 업무량은 최소화됩니다.

또한 통합해서 한꺼번에 인쇄물을 제작하면 비용도 줄어들게 됩니다. 매달 개별적으로 A4용지 크기의 감사편지를 인쇄하는 것과 한꺼번에 A4용지 크기의 감사편지를 여러 장 인쇄하는 것은 비용과 기본 매수에서도 충분히 효과를 볼 수 있습니다. 좀 더 구체적으로 말씀드리면, A4용지를 인쇄한다는 것은 A4용지에 인쇄하는 것이 아니라 전지 또는 절반 크기인 2절에 인쇄를 해서 재단하는 과정을 거칩니다. 따라서, A4^{8절}용지를 인쇄하면 전지 인쇄소는 한꺼번에 8장을 인쇄할 수 있는 판을 만들어 놓고 500장을 한꺼번에 인쇄를 하는 것입니다. 따라서, 전지 500장 × 8절 = 4,000장이 나옵니다. 인쇄소에 A4 4,000장을 주문하나, A4 3,000장을 주문하나 비용이 거의 같게 나오는 이유는 이러한 과정을 거치기 때문입니다. 만약 전지에 각각 다른 디자인의 A4를 8장 앉히고 인쇄를 하면 어떻게 될까요? 전지 500장에 인쇄하는 것이 기본이므로 각각 다른 디자인의 A4용지를 500장씩 얻게 되는 것입니다.

후원자가 많지 않은 복지관의 입장에서 500장씩 8장의 각기 다른 감사편지를 확보하는 것이 유리할까요? 아니면, 4,000장의 하나의 감사편지를 확보하는 것이 유리할까요? 당연히 500장씩 8장의 각기 다른 감사편지를 확보하는 것이 유리합니다. 물론, 각기 다른 감사편지를 가진다는 것은 디자인 비용이 포함되어 조금 비쌀 수 있지만, 전체 비용을 생각하면 이 방법이 훨씬 저렴합니다. 이처럼, A4용지일 때 8개월 치를 한꺼번에 제작하도록 하면 비용뿐 아니라, 업무 효율성도 높일 수 있게 됩니다. 만약, 기존 거래처에서 이를 거부하면 포기하지 말고 다른 곳을 알아보면 분명히 저렴한 곳을 찾을 수 있습니다.

이것은 감사편지에만 적용될까요? 아닙니다. 감사편지 외 다른 것도 구조화하면 업무가 줄어들어 효율성을 높이는 방법은 얼마든지 찾을 수 있습니다. 조금만 생각을 바꾸어 보면 가능한 것이 있습니다. 찾아보십시오. 노력해야 합니다.

홈페이지? 집중으로 해결하라

앞에서 말씀드렸지만 지금과 같은 홈페이지 구조는 직원의 손이 많이 가게 되어있습니다. 너무 많은 것을 보여주려는 욕심 때문에 메인 페이지에 올라가는 정보의 양을 너무 많이 설정한 탓입니다. 하지만 앞서 제안한 것처럼 브랜드 컨셉을 보여주는 데 목적을 두고 홈페이지를 개편하면 자연스럽게 메인 페이지에 올라가는 정보의 양은 줄어듭니다. 업무량이 줄어들게 되는 것입니다.

게다가, 홈페이지에 올려야 하는 콘텐츠를 감사편지의 사업보고와 같은 내용으로 올리도록 설계하면, 감사편지에 적었던 내용을 그저 홈페이지에 올리기만 하면 되므로 이중으로 작업할 필요가 없어집니다. 감사편지에 작업한 내용을 복사해서 단순히 올리면 되기 때문입니다. 그 동안에는 감사편지 따로, 홈페이지 따로 작성하는 이중의 작업을 수행해 왔지만 이제는 이렇게 소모되는 시간이 줄어들게 됩니다.

지금 한 번 기관의 홈페이지를 보십시오. 혹시 죽어있는 게시판이 있지는 않습니까? 아무도 신경쓰지 않아서 몇 달 전 내용이 최근으로 올라와 있지는 않습니까? 혹 기관장이 혼을 내야 직원은 마구마구 있는 대로 긁어모아 콘텐츠를 올리지는 않습니까? 만약 그렇다면 홈페이지를 다이어트 시켜야 합니다. 슬림화하되 꼭 전해야 하는 것만 남겨둠으로써 접속자와 명확한 커뮤니케이션이 이루어지고, 직원은 소모적인 업무에서 해방될 수 있습니다.

사업에 대한 에너지

> 사회복지사는 수퍼맨이 아닙니다. 따라서, 사업에 있어서도 자신이 맡은 사업 중에 집중해야 할 사업과 기본으로 수행할 사업을 나누어야 합니다.

대부분의 사회복지사는 자신이 담당한 사업에 대하여 무한한 책임을 가지기 때문에 괴로워하고 힘들어하는 경우를 종종 보게 됩니다. 모든 프로그램을 다 잘 해야 한다고 생각하고 있기 때문에 이를 잘 해내지 못하는 자신을 보면서 때로는 괴로워하고, 때로는 의기소침해 하기도 합니다. 이런 경우 대부분 이야기를 조금 나누다 보면, 업무 과다인 경우가 많습니다. 업무를 과다하게 맡고 있는데, 이것이 복지관의 평균업무량이다 보니 정상으로 생각하고 모두 다 잘해야 한다는 생각에서 벗어나지 못한다는 것입니다.

하지만, 이 세상에 모든 것을 다 잘하는 사람은 없는 법입니다. 자신의 전문성을 키우는 사람은 모두 한 곳을 집중적으로 파나가는 사람이지, 모든 것을 다 아는 사람은 아닙니다. 사회복지사는 수퍼맨이 아닙니다. 따라서, 사업에 있어서도 자신이 맡은 사업 중에 집중해야 할 사업과 기본으로 수행할 사업을 나누어야 합니다. 특히 업무량이 많은 경우에는 더욱더 그래야 합니다. 모두 다 잘 하려 하는 사람은 모두 다 잘 못하는 사람이 되기 십상입니다.

그렇다면 어떤 기준에 따라 집중해야 할 사업과 기본사업이 나누어질 수 있을까요? 맞습니다. 바로 브랜드 컨셉입니다. 브랜드 컨셉에 따라 대표사업이 정해지면 이에 집중해야 하기 때문에 자연스럽게 복지관 사업에서도 우선순위가 정해지게 됩니다. 사업의 중요성에 따라 조금 더 신경써야 하는 것과 조금 덜 신경써도 되는 사업이 구분되는 것입니다. 이렇게 되면 업무효율성은 당연히 높아집니다. 직원의 부담도 덜어지게 됩니다.

그런데 이것이 말이 되냐구요? 이것은 상사가 동의하기만 하면 너무나 쉽게 해결되는 문제입니다. 생각해 보십시오. 꼭 잘해야 하는 사업을 위해 다른 사업은 하지 않겠다는 것이 아니라 기본적인 수준으로 진행하겠다는 것입니다. 욕구를 채울 수 있을 정도로 진행하되, 기관의 얼굴이 되는 프로그램은 반드시 수행해내겠다는 이야기인데, 이를 이해하지 못하는 상사는 아마 없을 것입니다. 만약, 정말 만약에, 상사가 이를 이해하지 못하고 모두 다 잘해야 한다고 하면 이렇게 생각하십시오. 우리 상사는 열심히 일하는 상사일지는 몰라도, 배울 점은 별로 없는 상사라고 말입니다. 최소한 브랜드적 관점에서는 말입니다.

아웃소싱, 제휴

한 복지관이 브랜드 전략을 확정하여 추진하게 되면 1년에 얼마 정도의 비용이 소모되는지 예상규모가 나올 수 있습니다. 이러한 예상규모가 나오면 이를 기반으로 해서 아웃소싱을 추진할 수도 있으며, 브랜드 전문가와의 계약을 통해 일정 정도 역할분담이 가능하기도 할 것입니다.

예를 들어, 어느 업종이든 주 거래처는 할인을 해주게 되어 있습니다. 고정 수입이 생기는 것인데 그만큼의 수입을 벌기 위해 투자해야 하는 홍보비 만큼은 절감해 줄 수 있는 것입니다. 따라서, 복지관과 독점계약을 맺고 거래하는 디자인 회사를 둘 수 있습니다. 이를 통해 브랜드 컨셉에 대하여 매번 설명해주는 잡무를 줄일 수 있을 것이며, 비용 또한 절감할 수 있습니다.

또한 브랜드 전략과 관련해서는 전문가와 계약을 맺을 수 있을 것입니다. 물론, 지금은 사회복지 브랜드 매니저가 거의 없지만, 각

> 브랜드 전략은 단순하게 업무를 늘리는 차원이 아니라, 사회복지사 개개인에게 내가 왜 이 복지관에서 근무하고, 이를 통해 복지관이 무엇을 얻고 이루는지 명확하게 제시해 주는 역할을 합니다.

기관에서 브랜드 전략이 안정화되면 이에 따라 자연스럽게 사회복지사 브랜드 매니저도 등장하게 됩니다. 복지관은 브랜드 마케팅에 대한 욕구는 많으나 브랜드 매니저가 없기 때문에, 다시 말해 복지관은 브랜드 매니저의 욕구를 가지고 있는 것이죠.

그리고 사회복지사가 아니면 사회복지와 브랜드를 만나게 해줄 생각도 안하고, 또 사회복지사가 아니면 사회복지관에 대한 이해 능력도 떨어져 브랜드 전략을 적용할 수 없습니다. 현재, 사회복지사는 복지관에 다 취직하지 못할 정도로 차고 넘치니 앞으로 사회복지전문 브랜드 매니저가 나오는 것은 시간문제로 보입니다. 이러한 사회적 흐름을 생각해 보면 몇 년 지나지 않아 브랜드 매니저와 계약을 맺어 브랜드 업무를 추진할 수도 있을 것이며, 이는 그 만큼의 업무 효율성을 높여줄 수 있는 기회가 될 수 있습니다.

전 직원의 참여

무엇보다 전 직원이 참여함으로써 이 업무는 충분히 가능하다고 생각합니다. 브랜드 전략은 단순하게 업무를 늘리는 차원이 아니라, 사회복지사 개개인에게 내가 왜 이 복지관에서 근무하고, 이를 통해 복지관이 무엇을 얻고 이루는지 명확하게 제시해 주는 역할을 합니다. 사회복지사로 열심히 일해야 하는 동기를 마련해주고, 복지관에 근무하고 있음을 자랑스럽게 여길 수 있게 해준다는 것입니다. 직원의 사기가 높은 복지관과 그렇지 않은 복지관은 업무 추진에 있어서도 하늘과 땅 차이입니다. 그만큼 능동적이고 창의적이기에 업무 추진에 있어서도 차이가 있는 것입니다. 저는 브랜드 전략이 단순하게 사회복지관의 재정적 독립을 위한 것이 아닌, 근무하는 사회복지사 개개인이 자부심을 가지고 일할 수 있는 전략이라고 감히 말씀드립니다.

앞에서 말씀드렸지만, 사회복지사로서 무슨 일을 하느냐고 질문을 받았을 때 우리 기관은 무엇을 추구하고, 이를 위해 무슨 일을 하고 있다고 당당하고 뿌듯하게 말할 수 있다면, 사회복지사라는 직업을 선택했음에 기쁨을 누리게 될 것입니다. 사회복지사라는 직업을 선택할 때부터 이미 돈을 많이 벌겠다, 편안한 삶을 살겠다는 생각은 버렸을 것입니다. 하지만, 사람들로부터 "도대체 뭐하는 거냐?"라는 이야기를 듣는 것은 참을 수 없습니다. 사회복지사로서 부를 포기하면서까지 하고자 했던 것은 좋은 일을 한다는 그것 하나뿐인데, 그것마저 사회로부터 인정받지 못하면 사회복지사는 더 이상 버틸 힘이 없는 것입니다. 브랜드 전략은 내가 무엇을 하고, 무엇을 추구하는지 설명해 주고, 깨닫게 해주는 것이라 생각합니다. 이렇게 사기가 충천한 복지사를 그 누구도 막을 수 없을 것입니다.

7 경고: 이것이 걸리면 브랜드 전략은 없다

브랜드 전략을 사용하고 싶다면 기억해야 할 것이 있습니다.

오래 기다려라. 빨리 먹고 싶으면 다른 데 가봐라

브랜드 전략이라는 것은 일관성을 가지고 꾸준히 수행할 때 의미가 있습니다. 그 최종 목적이 고객의 고정관념을 의도적으로 관리하는 것이기 때문입니다. 한 사람의 생각을 바꾼다는 것은 쉽지 않으며, 이를 위해서는 꾸준함 밖에 없습니다. 단기적으로 승부를 보고 싶다면, 브랜드라는 단어가 들어있는 책은 차라리 보지 않는 것이 훨씬 도움이 됩니다. 단기적 승부를 위해서는 스피드마케팅, 네트워크마케팅 등등에 관심을 갖는 게 낫습니다.

하지만 복지관에 있어 진정한 목표가 무엇인지 생각해 보신다면 단기적 성과보다는 오히려 장기적으로 지역사회에 뿌리내리고 함께 울고 웃으며 지역사회의 자기문제해결능력을 키우는 방식을 택해야 합니다. 그리고 여기에는 아이디어에 의존하는 단기적 마케팅이 아닌 정직함과 성실함으로 승부하는 브랜드 마케팅이 훨씬 적합하다고 이해할 수 있을 것입니다. 단, 기다릴 줄 알아야 합니다.

> 브랜드 전략은 전 직원이 공유할 수 있도록 충분히 노력해야 하며, 무엇보다 전 직원이 하나되도록 노력하는 데 먼저 중점을 두어야 합니다.

전 직원이 하나되지 못하면, 괜히 일거리만 하나 더 만드는 거다

가끔 복지관은 일사불란하게 움직이긴 하는데, 직원이 자발적이 아닌 수동적으로 움직이는 경우를 가끔 보게 됩니다. 직원이 스스로의 동기로써 일하지 않고 상사가 시키기 때문에 하는 경우에 그렇습니다. 그럴 경우, 대다수 직원은 일을 하긴 하지만, 투덜거리면서 마지못해 합니다. 하지만, 브랜드에 있어서는 이러한 방식으로 결코 성공할 수 없습니다. 브랜드 전략은 통일된 목표를 향해 함께 달려가는 협동과 같은 것인데, 각각의 사업을 담당하는 사람이 브랜드에 대한 명확한 이해를 가지고 있지 못하면 안 되기 때문입니다.

혹자는 브랜드 전략이 구성되면, 각 직원에게 브랜드 나침반을 주어야 한다고 주장합니다. 개별 직원은 브랜드 나침반으로 자신의 행위가 브랜드 전략에 맞는지 아닌지 확인해 보고 수행해야 한다는 것입니다. 그리고, 이렇게 전 직원이 하나된 목표를 향해 전진할 때만이 브랜드 전략은 성공할 수 있다고 합니다. 이와 같이, 브랜드 전략은 전 직원이 공유할 수 있도록 충분히 노력해야 하며, 무엇보다 전 직원이 하나되도록 노력하는 데 먼저 중점을 두어야 합니다. 만약, 전 직원이 하나되지 못한다면 괜히 일거리만 하나 더 만드는 셈이 될 수 있습니다.

> 브랜드 전략을 사용한다고 하면서 맨 처음 들어가는 물 한 바가지도 아까워하는 기관은 브랜드 전략을 결코 수행할 수 없습니다.

관장님의 의지가 없으면 어차피 못한다

전 직원이 함께 하지 못하면 안 된다는 점도 중요하지만, 무엇보다 관장님의 의지가 있어야 브랜드 전략은 성공할 수 있습니다. 이 책을 읽는 여러분은 자신의 복지관에서 이 브랜드 전략을 수행해 보고 싶을 수도 있습니다. 하지만, 아시다시피 브랜드 전략이라는 것은 기관의 거의 모든 것을 브랜드에 맞게 조정, 변경하는 것과 함께 합니다. 따라서, 직원이 아무리 좋은 아이디어를 냈다 하더라도 관장님의 의지가 없으면 오히려 답답함만 증가할 것입니다.

브랜드 전략에 대한 관장님의 의지가 무엇보다 중요합니다. 관장님의 결단이 없다면 간신히 브랜드 전략을 수행한다 하더라도 반드시 위기가 찾아옵니다. 명심하십시오. 관장님의 의지가 없으면 처음부터 하지 않는 것이 훨씬 좋습니다.

최소한의 비용투자가 아까우면 그 돈으로 회식이나 해라

구식 펌프를 사용해 보신 적이 있으신가요? 펌프 손잡이를 잡고 열심히 위 아래로 펌프질을 하는 펌프 말입니다. 이 펌프에서 물을 퍼올리려면 어떻게 해야 하나요? 맨 처음 물 한 바가지를 붓지 않으면 아무리 펌프질을 해도 물은 올라오지 않습니다. 콸콸 쏟아지는 물을 얻기 위해서는 최소한의 물을 먼저 넣어야 하는 것입니다.

마찬가지입니다. 브랜드 전략을 사용한다고 하면서 맨 처음 들어가는 물 한 바가지도 아까워하는 기관은 브랜드 전략을 결코 수행할 수 없습니다. 브랜드 전략을 사용함에 있어 아무리 비용을 줄인다 하더라도 최소한의 적절한 비용이 투입되는 것은 어찌보면 당연한 이야기입니다.

문제는 얼마를 투입했느냐가 아니라, 투입 대비 수입을 따져 보아서 얼마나 수익이 발생했느냐를 보는 것입니다. 당장 투입해야 하는 것에 눈이 멀어 수익을 보지 못한다면 브랜드 전략은 사용할 수 없습니다. 만약 최소한의 투자도 안 되는 비용만 투자하고 싶다면, 차라리 그 돈으로 회식이나 하시길 권해드립니다. 그러면 최소한 직원들의 사기라도 올라갈 것입니다.

브랜드 전략을 자신의 기관에서 사용하기를 원하는 사회복지사 여러분, 기관 차원에서 브랜드 전략에 드는 비용을 아까워한다면 브랜드 이야기는 꺼내지도 마십시오. 브랜드는 마술이 아닙니다. 투자와 고민에 따라 정당히 얻는 수익이 브랜드입니다.

Social Work
Brand Strategy

제3부
브랜드 사례

1 복지관 브랜드 사례: 춘의종합사회복지관

춘의종합사회복지관은 공식적으로 사회복지 브랜드 전략을 수행하는 최초의 복지관이 되지 않을까 싶습니다 — 혹, 다른 복지관에서 이미 시행하고 있을지 모르겠지만, 먼저 시도한 것이 중요한 것이 아니라, 사람들의 머릿속에 먼저 기억되느냐가 중요하므로, 최소한 춘의종합사회복지관은 사회복지계에서는 최초로 브랜드 전략을 수행하는 복지관이라 해도 무리는 없을 듯 합니다 —.

춘의종합사회복지관이 브랜드 전략을 선택할 수 있었던 이유는 바로 누구보다 한 걸음 빠르게 '시대를 읽는 눈'이 있었고, '직원 간의 단합된 모습', 그리고 옳다고 믿는 바에 대하여 우직하게 느껴질 정도로 꾸준히 실천하는 춘의종합사회복지관만의 '소신'이 있었기에 가능했다고 생각합니다. 제가 보는 춘의종합사회복지관은 사회가 변하고 있음을 느끼고, 그 사회적 변화 속에서 어떻게 복지관이 존재해야 하는가를 늘 고민하고 있습니다. 그래서 외부 교육에 직원이 참여하는 것을 적극 허용하며, 새로운 도전에 대하여 두려워하지 않습니다.

재가복지사업이 기존 매뉴얼대로 진행되던 때에 지역공동체 자체를 육성함으로써 재가복지사업의 목적을 달성해야 한다고 생각하여 어느 누구도 관심 갖지 않던 마을만들기 사업에 뛰어들었습니다. 학교사회사업이 사회복지계에서 어느 누구로부터 관심을 받지 못했을 초기에 학교사회사업을 시도하였으며, 같은 운영법인에서 한라종합사회복지관이 생기자 과감히 학교사회사업을 한라종합사회복지관의 역할로 넘겨주고 새로운 방식의 청소년 지역 네트워크 '딩가딩' 사업에 경주하였습니다.

지역사회 시민단체와 협력관계를 가지며 지원하는 것이 복지관이 앞으로 추구해야 할 방향이라 생각하기에 실적은 되지 않아도 복지관 내 공간을 오픈하여 '전국문해성인기초교육협의회' 사무국 공간을 제공하고, '부천시 장애인부모회'에 기꺼이 월례회의 공간을 제공하며, 지역 모임에 공간 대여를 즐겨 하고 있습니다. 또한, 직원 간의 단합된 모습을 가지고 있습니다. 직원 상호간에 기본적인 신뢰 관계가 형성되어 있습니다. 성격은 각각 다를 수 있지만, 최소한 복지발전을 위해 한 몸 던져 일하고 있다는 상호 신뢰가 구축되어 있습니다. 그리고 커뮤니케이션 또한 원활히 진행되고 있습니다. 최소한의 불만을 표출할 수 있는 기회가 있으며, 불만을 표출한다고 해서 인사상 불이익이 가해지기보다는 건전한 토론을 통해 결과를 도출해 내려 노력하는 분위기가 있습니다. 저는 이런 열린 구조로 인해 브랜드 전략이 온전히 수행될 수 있었다고 생각합니다.

마지막으로, 춘의종합사회복지관은 소신을 가지고 있습니다. 당장은 손해라 하더라도 장기적으로 이익이 된다고 생각하면 우직하게 실천하려 노력하고 있습니다. '살기좋은 마을만들기' 사업은 춘의종합사회복지관을 이해하는 가장 좋은 사업입니다. 이 사업을 위해 직원 1명을 따로 배치하고 몇 년째 진행하고 있을 만큼 중요하게 생각하고 있습니다. 물론 인원과 예산을 좀 더 많이 배치하면 좋겠지요. 마을공동체 살리기가 중요하다고 다들 인정하지만, 실제로 인건비 또는 업무량 부담 때문에 엄두도 못내는 다른 곳에 비하면 춘의종합사회복지관은 큰 도전을 한 것이라 생각됩니다. 복지관 평가 등에서는 큰 실적이 될 수 없지만, 꼭 필요하다고 생각하기에 '살기좋은 마을만들기' 사업을 복지관의 핵심 사업으로 여기고 실천하고 있습니다.

브랜드 전략도 마찬가지입니다. 2004년 초에 시작하여 벌써 1년이 지나도록 조바심내지 않고 장기적 이익을 위해 묵묵히 실천하고 있습니다. 특히 브랜드 전략 TFT에 참여하는 직원들은 주1회라는 짧지 않은 시간을 매주 할애하면서 기여하고 있습니다. 어쩌면 브랜드의 달콤한 열매는 자신이 재직하지 않는 시기에 맛볼 수 있을지도 모르는 일인데도 불구하고 누구보다 열심히 참여하고 주도해 나가고 있습니다. 그리고 브랜드 전략 TFT에 참여하지 않는 직원들도 기다려 주고, 이해하려 노력하며 복지관의 발전을 위해 노력하고 있습니다.

저는 춘의종합사회복지관이 이런 강점들을 소유하고 있기 때문에 브랜드 전략은 반드시 성공한다고 믿습니다. 그리고 그동안 가장 어려운 과제인 내부 커뮤니케이션과 내부 준비 과정을 성공적으로 이끌어 올 수 있었다고 믿습니다. 직원 여러분의 열정과 땀이 묻어있는 춘의종합사회복지관 브랜드 전략을 사례로 소개할 수 있어 참으로 감사합니다.

[춘의종합사회복지관의 브랜드 아이덴티티]

복지는 지금의 도움을 통해
10년 후 진정한 변화까지 이루어야 한다고 믿습니다.
춘의복지관은 지금을 살고 있지만,

우리의 눈은 10년 후까지 바라보며
활동하고 있습니다.
이것이 우리의 소신입니다.

[춘의종합사회복지관의 슬로건^{브랜드 컨셉}]

"10년 후까지 생각합니다.
춘의종합사회복지관"

[춘의종합사회복지관 후원자 관리]

홈페이지

후원자에 맞추어 홈페이지 개편함.
상품프로그램 사업보고, 춘의복지관 브랜드 컨셉 강화에 초점.
각 사업 담당자들이 사업보고 내용을 감사편지와 동일하게 올려 제공.

감사편지

후원자 만족도 향상 및 복지관 브랜드 컨셉 강화에 초점.
매월 상품프로그램별로 담당자가 직접 사업보고하도록 하여 만족도를 높이고자 함.
사업보고를 제외한 나머지 내용을 8개월 치 작성하여 인쇄함으로써 비용 및 업무효율성을 높임.
감사편지 발송 후 SMS 문자서비스를 통해 확인작업 수행.

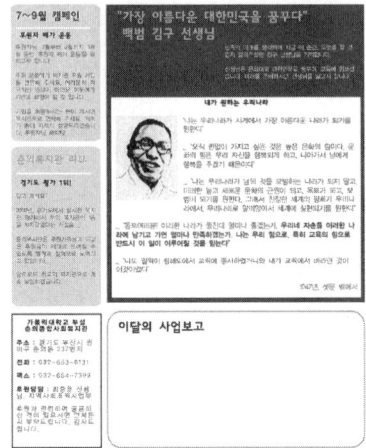

전화응대매뉴얼 및 전화작업

후원자가 복지관에 전화했을 때 기본적인 사항은 담당자가 없어도 안내할 수 있도록 후원안내용 전화응대매뉴얼 제작.

매월 후원자에게 전화작업을 하되, 최소 3개월에 1회씩 담당직원으로부터 연락을 받을 수 있도록 함.

후원자의 밤, 이벤트

매년 1회 후원자의 밤 행사 마련.

분기별로 후원자에 대한 이벤트를 감사편지 발송과 함께 실시.

소식지

복지관 후원자, 봉사자에 대한 긍정적 이미지를 부여하고자 함.

후원자, 봉사자의 동기 강화 및 유지율을 높이는 데 활용하고자 함.

부천 관내 각 지역에 배포.

연말정산 안내

개인후원자는 매년 말, 기업후원은 매년 4월에 연말정산 안내 및 영수증 발송.

[춘의종합사회복지관 후원자 개발]

상품프로그램 담당자별로 후원자 개발 예정.

소식지

춘의복지관과 관계 있는 부천 관내 50군데에 소식지를 무료로 배포하여 춘의복지관의 브랜드 컨셉을 강화하는 방식으로 발행.

장기적 봉사, 후원, 거주하신 분들의 소식을 담아 구전효과를 창출하고, 후원 타깃 예정집단에 대한 기획기사를 담아 후원자 개발 시 활용

리플렛
상품 프로그램별로 리플렛을 제작하였으며, 후원자개발 장면 시 유용하도록 제작
각 상품 프로그램 네이밍과 슬로건을 중심으로 제작
담당 직원 사진을 직접 리플렛에 삽입함으로써 캠페인 사업에 대한 신뢰도를 높이고자 함.

명함
춘의복지관 브랜드 컨셉을 강화하는 데 초점을 맞춤
리플렛과 마찬가지로 담당 직원 사진을 직접 삽입하고, 브랜드 컨셉을 강화하는 데 중점을 둠.

포스터
춘의복지관 후원타깃 예정집단 주변에 집중적 배치, 후원개발 전에 춘의복지관에 대해 인지할 수 있도록 배치 예정

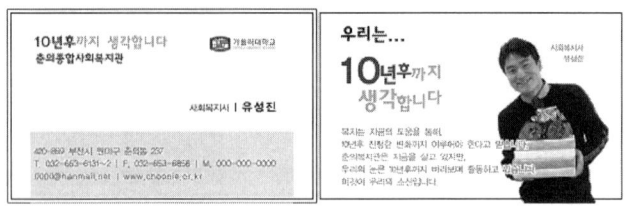

[춘의종합사회복지관의 상품프로그램캠페인 명, 슬로건, 설명내용]

#1 "어른되선 도움받지 않기" - 독립선언 프로젝트

불쌍하다고 안쓰럽다고
먹을 것, 입을 옷, 그림책만 사주는
그런 도움을 이젠 정중히 사양합니다.

이젠 아이들의 미래를 생각해 주십시오.
아이들의 꿈을 위해,
그 꿈을 이루어 나갈 수 있도록
삶의 주체가 되어
능동적으로 살아갈 수 있는
힘있는 아동이 될 수 있도록
그런 환경을 만들어 주어야 합니다.

이것이 진정한 아동을 위한 사랑이며,
주체적인 아동으로 성장할 수 있도록
돕는 길입니다.

#2 "아이는 가정에서 자라야 합니다"

요보호아동 그룹홈
보호자의 부재,
아동방임 및 학대,

가족갈등 경제적 빈곤 등의
저소득 밀집지역에서의 요보호 아동발생

그들에게
정서적 안정과 지지적인 환경을 구축해야 하는 것은
우리의 몫입니다.

#3 "마을공동체 살리기 운동" - 살기좋은 마을 만들기

복지보다 두레를

마을에 두레가 있던 시절,
지역에 홍수가 나도 함께 팔걷고 노력해 해결했으며,
남편을 잃은 부인도 이웃사촌이 있어 큰 위로가 됐으며
집에 쌀이 떨어져도 십시일반으로 마을이 가난한 사람을 도왔습니다.
복지가 못하는 일을 두레는 해냅니다. 마을공동체가 해낼 수 있습니다.

적어도 10년 이상 실천할 각오를 가지고 노력하고 있습니다.
체계적이고 장기적인 교육 프로그램을 개발 실천하고 있습니다.
복지관보다 지역주민이 리더가 될 수 있도록 기회를 제공합니다.
많은 주민이 직접 마을만들기 사업에 참여하도록 합니다.
결국 주민이 우리 마을의 주체가 되도록 노력하고 있습니다.

[춘의종합사회복지관 브랜드 전략 과정]

2004년 상반기: 브랜드 전략 수행을 위한 기초 과정

푸른복지사무소와 정식 브랜드 전략 관련 협의 계약

춘의종합사회복지관 전체 직원 대상 브랜드 전략 교육

전체 직원 대상 복지관 브랜드 컨셉 선정을 위한 워크숍 개최

2004년 중·하반기: 브랜드 전략 수행을 위한 내부커뮤니케이션 및 내부 준비 과정

복지관 브랜드 전략 Task Force Team 구성(주1회)

TFT: 후원자 분석(후원 동기 분석)

    복지관 차별성 모색 및 분석

    복지관 브랜드 아이덴티티 시안 작성

직원회의: 브랜드 아이덴티티 최종 선정

TFT: 복지관 상품프로그램 선정

    복지관 후원자 관리시스템 구축

    (전화응대 매뉴얼, 직원태도, 복장, 감사편지, 후원 영수증 발급 관련 등등)

    내부 커뮤니케이션 활성화(상품프로그램 선정 및 진행과정 발표 등)

    외부 커뮤니케이션 전략 수립

    (홈페이지, 리플렛, 명함, 소식지 등 매체 활용 관련)

직원 워크숍: 상품프로그램 선정

      외부 커뮤니케이션 전략 발표

각 전략에 대한 토론 및 선정

TFT: 상품프로그램 네이밍 & 슬로건 확정 작업

    브랜드 전략에 따른 복지관 편지봉투, 감사편지, 후원자 전화응대 매뉴얼 완성

    브랜드 전략에 따른 홈페이지 리뉴얼, 복지관 리모델링 시 인테리어 활용

    후원자 관리 방안 세분화

    연간 사업계획 작성 및 추진

2005년: 외부커뮤니케이션 실시 및 수정

TFT 지속 운영

후원자 관리: 후원자에 대한 특정 후원자 이미지 부여(소식지)

    후원자 관리시스템 운용을 통한 안정화

    (후원자 이탈률 최소화, 연 평균 후원 건수 최대화)

후원자 개발: 신규 후원자 확보를 위한 전략 수행

브랜드 이미지 구축: 후원자 유지율 향상 및 후원자 개발 비용의 최소화를 위한 브랜드 이미지 구축 작업 수행

프로모션 진행: '10년 후 꿈을 찍어주는 사진찍기' 행사 개최를 통한 '10년' 단어 선점

대형행사 내 브랜드 컨셉 반영: 일일카페, 심포지움 등의 대형행사 운영 시 브랜드 컨셉을 잘 표현할 수 있도록 기획

평가 및 수정: 수행된 외부커뮤니케이션이 브랜드 컨셉을 효과적으로 알렸는지 평가하고 전략 수정

2 개인 브랜드 사례: 푸른복지사무소 양원석

사회복지사 개인도 경쟁의 시대로 들어섰습니다. 경쟁 자체가 목적이 아니라, 사회복지사가 급격히 증가하면서 자연스럽게 경쟁의 상황으로 내몰린 것입니다. 경쟁이 치열해지면서 사회복지사 개인도 이제 구분되는 무엇이 필요한 시대입니다. 이제 사회복지사도 개인 브랜드 시대로 들어섰습니다. 사회복지사 개인브랜드와 관련하여 제 자신을 사례로 하여 설명하고자 합니다.

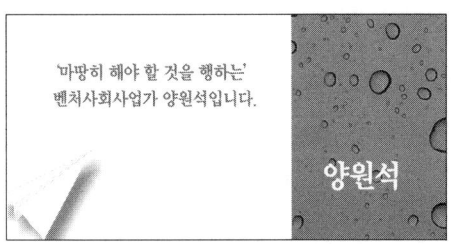

[벤처사회사업가 양원석의 존재이유^{브랜드 아이덴티티}]

양원석은 복지현장의 발전을 위해 매일 도전하고 개척합니다. 마땅히 필요한 복지현장이지만, 힘들고 불안해서 차마 하지 못하는 그 자리에 도전합니다. 복지인으로서 마땅히 해야 하는 것을 행해야 하고, 마땅히 있어야 하는 것을 세워야 한다고 믿기 때문입니다.

하지만, 꼭 양원석만이 완성해야 한다고 생각하지 않습니다. 마땅히 있어야 할 것을 제시하고 도전하되, 이를 철저히 공유함으로써 훗날 완성의 마침표를 찍어줄 사람이 나타날 것을 믿고 일합니다. 그가 나타나 마침내 완성해낼 때, 저는 크게 기뻐할 것입니다. 마치 제가 이룬 것처럼 기뻐할 것입니다. 이것이 벤처사회사업가 양원석의 브랜드 아이덴티티입니다.

[벤처사회사업가 양원석이 실천하는 삶 소유한 단어: 개인복지사무소, 복지 브랜드]

· 사회복지사 개인사무소: 사회복지가 지역사회 속에서 더욱 발전하기 위해서는 복지관과 같은 대규모 전달체계도 필요하며, 복지관과 연계하며 복지의 지평을 넓혀줄 풀뿌리복지 개인복지사무소가 필요하다고 믿습니다. 기존 전달체계와 함께 풀뿌리복지 개인복지사무소가 동단위지역에 운영될 수 있다면, 비용은 최소화하면서도 최대의 효과를 이끌어낼 수 있을 것입니다.

벤처사회사업가 양원석은 개인복지사무소라는 새로운 대안을 위해 달리기 시작했습니다. 성공할지 실패할지 모르지만, 성공해도 실패해도 모든 과정을 공유하려 합니다. 언젠가 혜성같이 나타날 그가 결국엔 이루어 주리라 믿기 때문입니다.

· 사회복지 브랜드 매니저: 사회복지는 큰 위기의 시대에 봉착했습니다. 영역 간 경계가 희미해지면서 사회복지도 각 영역으로부터 도전을 받고 있습니다. 사회복지가 자신의 존재이유를 명확히 하며 사회에 기여하는 핵심적인 방법은 '복지와 시민 간의 커뮤니케이션'을 원활히 하는 정면돌파 방식이 필요하다고 생각하였습니다.

그래서 사회복지계의 브랜드 매니저가 되었습니다. 그리고 사회복지 브랜드 전략을 설명한 이 책을 출판하게 되었습니다. 이제 첫 걸음을 걸었습니다. 능력이 없음에도 이 길을 시작한 것은 대안을 완성해줄 능력 있는 사회사업가! 그가 올 것을 믿기 때문입니다.

[벤처사회사업가 양원석이 즐겨 인용하는 명언]

"눈오는 벌판을 가로질러 걸어갈 때, 발걸음 함부로 하지 말지어다. 오늘 내가 남긴 자국은 드디어 뒷사람의 길이 되느니"--「백범일지」(김구, 2002) 중에서.

[사회사업가 양원석의 슬로건 브랜드컨셉]

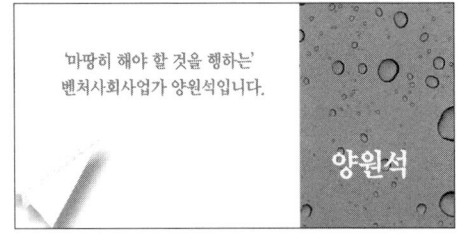

사회사업가 양원석의 강의를 듣고
(제10차 전국사회복지대학생정예화캠프 참가자 충남대 이은호님의 후기 중에서)

1. '바보 양원석' 이야기

'양원석'은 '바보'입니다. '바보 양원석'은 자기 집 앞마당에 '작은 생명' 하나를 심었습니다. 그 작은 생명은 따뜻한 햇볕과 서늘한 바람, '양원석'이 주는 물과 거름으로 무럭무럭 자라납니다.

하지만 늘 그런 것만은 아닙니다. 따뜻한 햇볕을 심술궂은 먹구름이 가릴 때가 있습니다. 먹구름은 차갑고 따가운 비를 뿌리며 싸늘한 바람을 불러와 작은 생명을 못살게 굽니다. 이것은 땅위를 걷는 사람들에게도 유쾌하지 못한 것이기 때문에 저마다 집으로 들어가거나 우산을 쓰고 돌아다니며 자기 몸 추스르기도 급급해 합니다. 하지만 그 곁에 늘… 언제나… 자신을 지키고 있는 사람이 있습니다. 차가운 비를 맞으며 쌀쌀한 바람에 몸을 움츠리고 떨면서도 자기 집 앞마당의 작은 생명과 함께 하고자 하는 사람이 있습니다. 사람들은 그를 안타깝게 생각하며 심지어 '바보'라고 생각합니다. 그들이 보기엔 이 사람의 행동은 너무 미련하고 답답하기 때문입니다.

하지만 누가 뭐래도 이 사람은 자기의 길을 무던히도 걸어갑니다. '바보'라 불리기를 좋아합니다. 또한 앞으로도 지금처럼 무던히도 걸어가는 사람일 것입니다. 그래서 '양원석'은 '바보'입니다.

누가 뭐라 해도 자신의 신념을 지켜가는 사람…

"바보"라는 소리를 듣기 좋아하는 사람…

이런 사람이고 싶습니다.

2. "기여하면 이룬 것이다"

한 사람이 있습니다. 그는 자신의 일에 재능이 있었고, 그보다 더한 꿈과 열정이 있었습니다. 그는 누구도 감히 도전하지 못한 일을 이뤄내고 싶었고 그만큼 열심히 노력하였습니다. 밥을 먹어도, 잠을 잘 때도, 다른 누군가와 이야기를 할 때도 그의 머릿속에는 오로지 자신이 이뤄내야 할 그 일들로 가득 차 있었습니다. 그렇게 그는 그 꿈을 이루기 위해 하루하루를 치열하게 살아갔습니다.

하루가 가고, 이틀이 가고, 일년이 가고 어느덧 수십 년의 세월이 흘

렀습니다. 그는 가던 길을 잠시 멈추고 자신이 걸어온 그 길을 돌이켜 보았습니다. 죽기 살기로 뛰었지만 그가 지금껏 걸어온 길은 출발선으로부터 그리 멀지 않았습니다. 그는 생각했습니다. "앞으로 가야 할 길은 험하고 멀기만 한데 나는 너무 늙었고, 지치고, 힘이 들구나… 나는 실패자로소이다!" 하며 낙담하고 좌절했습니다.

그때… 어느 현자가 그에게 지혜의 소리를 들려줍니다. 그는 한참을 앉아 생각했습니다. 그리고 스스로에게 질문합니다. "왜 내가 꼭 이뤄야 하는 거지……?" "왜 내가 아닌 다른 사람이 이뤄내면 안 되는 거지……?" "왜 난… 내 스스로를 실패자의 올무에 가둬두는 거지…?"

그리고 그는 깨닫습니다. 내가 걸어온 그 길이 비록 정답이 아닐지라도, 많은 것을 이뤄낸 길이 아닐지라도 같은 꿈을 이루고자 출발하는 모든 사람들에게 흰눈 위의 발자국이 되어준다는 사실을 말입니다. 내 뒤의 사람들은 내가 걸어온 길을 보며 좀 더 손쉽게 꿈을 향해 나아갈 것이며 그 길이 정답이 아닐지라도 일찌감치 다른 길을 찾아 떠날 수 있을 것입니다. 내 뒤의 사람이 나와 같이 꿈의 종착역에 닿지 못할지라도 그 뒤의 사람이 또 걸어나갈 것이며 언젠가는… 누군가는… 그 꿈을 이뤄내고 말 것입니다.

그는 이제 웃을 수 있습니다. 비록 그가 완주하지 못했을지라도 누군가는 꼭 결승점에 다다를 것이며 기쁨과 환희의 순간을 맞이할 것입니다. 그 순간, 그 역시 기쁨과 환희로 눈물지을 것입니다. 그는 자기 자신도 그 영광의 순간을 같이 누릴 수 있는 권리가 있음을 알기 때문입니다. 자신이 걸어온 길만큼 성공자의 완주에 기여했음을 누구보다도 잘 알기 때문입니다.

| 참고자료 |

1. 브랜드 이론 관련 주 참고 자료
   신병철, 『쉽고 강한 브랜드 전략 - 브랜드 인사이트』(살림, 2004).
   신병철·이용찬, 『삼성과 싸워 이기는 전략』(살림, 2004).

2. 참고 자료
   김구, 『백범일지』(돌베개, 2002).
   로버트 차알디니, 『설득의 심리학』(21세기북스, 2002).
   마티 뉴마이어, 『브랜드갭』(시공사, 2004).
   박준형, 『브랜드 마케팅 리포트』(새로운제안, 2004).
   손일권, 『브랜드 아이덴티티』(경영정신, 2003).
   알리스·잭 트라우트, 『마케팅 불변의 법칙』(십일월출판사, 1994).
   이제식, 『컴퓨터 편집디자이너를 위한 인쇄제작 실무』(미담북스, 2000).
   임신적, 「불우이웃결연사업 후원만족도에 관한 연구」(한림대학교 석사논문).
   최종복, 「지역사회복지관의 예산 가운데 홍보비가 차지하는 비율에 영향을 미치는 요인에 관한 연구」(숭실대학교 석사논문).
   켈로그 경영대학원 교수진, 『마케팅바이블』(세종연구원, 2002).
   하쿠호도 브랜드, 『한권으로 읽는 브랜드마케팅』(굿모닝미디어).
   한겨레문화센터, 『브랜드매니저 과정 교재』.
   한덕연, 「복지경영」(복지요결)(사회복지정보원 http://welfare.or.kr).
   THE HITE 홈페이지(http://www.hite.com).